홀로 하는 공부라서 외롭지 않게 사람in이 동행합니다.

영어
발음 향상
훈련

케빈 강 (강진호)

美 Illinois State Univ. 언어치료학 최우등 졸업
美 Univ. of Memphis 이중언어 박사 과정 1년 수료
美 멤피스 언어청각센터 언어치료사 (Graduate Clinician)
前 강남 이익훈 어학원 영어발음 / 스피킹 대표 강사
前 스피킹핏 영어센터 대표 강사
現 링고애니 대표
現 케쌤 영어 대표 강사 (부원장)

저서 〈특허받은 영어발음 & 리스닝〉, 〈영어단어 그림사전〉,
〈미국 영어와 영국 영어를 비교합니다〉, 〈영어 발음은 이런 것이다〉
〈영어 단어의 결정적 뉘앙스들〉 〈거의 모든 일상 표현의 영어〉

해나 변 (변혜윤)

美 Judah Christian School / Oldfields School 졸업
日 Ritsumeikan Univ. 국제관계학 졸업
캐나다 Global College TESOL 및 GETQA 국제 영어 교사 자격증
前 국제 심포지엄 외국인 전담 동시통역사
前 UNICEF 한국위원회 팀원
現 Hanna's English 대표

영어 발음 향상 훈련

지은이 케빈 강, 해나 변
초판 1쇄 인쇄 2022년 12월 2일
초판 1쇄 발행 2022년 12월 12일

발행인 박효상　**편집장** 김현　**기획·편집** 장경희, 김효정　**디자인** 임정현
편집 진행 박진재　**본문·표지디자인** 고희선
마케팅 이태호, 이전희　**관리** 김태옥
녹음 제작 믹스캠프 스튜디오
콘텐츠 제작 지원 석근혜, 유수빈, 이종학(케쌤)

종이 월드페이퍼　**인쇄·제본** 예림인쇄·바인딩

출판등록 제10-1835호　**발행처** 사람in　**주소** 04034 서울시 마포구 양화로 11길 14-10 (서교동) 3F
전화 02) 338-3555(代)　**팩스** 02) 338-3545　**E-mail** saramin@netsgo.com
Website www.saramin.com

ISBN
978-89-6049-974-4 14740
978-89-6049-973-7 세트

우아한 지적만보, 기민한 실사구시 사람in

영어 발음 향상 훈련

케빈 강, 해나 변 지음

ENGLISH

PRONUNCIATION

사람in

발음 훈련으로
여러분의 영어 이미지를 UP하세요!

영어의 시작과 끝은 사람마다 다르기는 하지만 전 '발음'이라고 하고 싶습니다. 영어를 배우기 시작할 때 발음을 제대로 하면 영어 소리가 정확하게 구분되어 들리고, 또 영어 발음이 정확하면 원어민이 내 말을 알아듣고 있다는 확신이 생겨서 영어로 말할 때 자신감이 배가되기 때문입니다.

어느 정도 영어로 말하는 데 익숙해진 중·상급자 수준에 가게 되면 발음이 또 중요해집니다. 또렷한 발음, 자연스러운 영어식 발성, 안정적인 호흡은 대화할 때 상대방이 편안하게 내용을 알아듣게 해줄 뿐만 아니라 여러분의 영어에 신뢰감을 심어 주기 때문이죠. 어휘력과 표현력이 좋아도 발음이 부정확하면 원어민에게는 부자연스럽게 들리고, 심하면 전달하려는 메시지가 왜곡되기도 합니다. 때로는 말하는 이의 영어 실력이 순전히 발음 하나 때문에 평가절하되기도 합니다. 즉, 발음은 여러분의 영어 '이미지'를 만듭니다.

이 책은 여러분의 영어 전달력을 높이기 위해 '정확성'과 '유창성' 두 마리 토끼를 모두 잡기 위한 가이드를 제공합니다. 단순한 소리 설명에서 벗어나 한국어식으로 영어를 발음하면 원어민이 어떻게 받아들이는지를 원어민의 시각에서 비교 분석해 차이점을 알게 합니다. 또 우리말에 없는 발음들은 다양한 이미지를 통해 정확한 혀 위치와 발음법을 이해하게 합니다.

발음 개념을 이해하고 실전에 바로 적용할 수 있게 다양한 연습 문제가 이어집니다. 다양한 발음법을 익힌 후, 실전 훈련에서는 이 책에서 학습한 영어 발음, 억양, 리듬, 발성 등의 개념들을 다양한 대화 환경에서 적용하면서 내 것으로 확실하게 다지는 연습을 할 수 있습니다.

이 책에는 영어 발음 전문가로서 지난 18년간의 지식과 노하우가 모두 담겨 있습니다. 3만여 명 이상의 수강생들에게 검증받은 효과적인 발음 학습법을 지금부터 하나씩 배워 보세요!

케빈 강

자신의 영어 발음을 녹음해서
확인해 보세요!

영어로 자신의 생각과 의견을 정확하게 전달하려면 정확한 발음과 억양을 구사할 수 있어야 합니다. 어휘를 아무리 많이 알아도 발음이 받쳐 주지 않으면 영어를 쓰는 외국인과의 대화는 힘들 수밖에 없습니다. 적어도 듣는 사람이 여러분이 하는 발음을 이해할 수 있고 오해하지는 않아야 대화를 할 수 있습니다. 같은 단어나 문장도 억양, 발성, 리듬 등에 따라 의미가 뒤바뀔 수도 있으니까요.

"제 발음 너무 이상하지 않나요?", "우리 애 발음으로 유학 갈 수 있을까요?", "발음이 안 좋아서 외국인이랑 대화가 안 되면 어쩌죠?", "언제쯤 발음이 유창해질까요?" 한국에서 영어 스피킹 수업을 할 때면 심심찮게 듣는 질문들입니다. 한국에서 나고 자란 사람이 모국어 음가를 쓰면서 영어를 원어민처럼 한다는 건 현실적으로 힘듭니다.

우선 자신의 현재 상태를 알아보세요. 영어를 말할 때 자신의 목소리가 어떻게 들리는지 확인해 본 적 있나요? 내 목소리는 어떻게 들리는지, 남이 듣는 나의 영어 발음은 어떤지 말이죠. (저는 늘 제 발음을 생각합니다.) 오글거려도 '내 영어 발음'을 꼭 녹음해서 들어 보세요! 녹음해서 들어 보면, 내가 아주 좋아하는 영화나 미드에서 나오는 배우들의 영어 발음과 내 발음에는 어떤 차이가 있는지 확실하게 알 수 있습니다. 녹음을 비교해 들으면서, 더 늦기 전에 안 좋은 부분은 고치고 제대로 말하려는 습관을 들여야 합니다.

발음이 좋아지려면, 우선 올바른 영어 발음의 input(리스닝)이 중요합니다. 제대로 된 영어 자료를 많이 들으면서 열심히 따라 말해 보세요. 그리고 무조건 output(스피킹) 연습을 해야 합니다! 영어 발음을 향상시키려면 오직 연습만이 길입니다. 원어민의 발음을 많이 들어 보세요. 그리고 모방하세요. '내가 언제 이렇게 유창해졌지?' 싶은 순간이 생각보다 빨리 올 수 있습니다. 그 순간까지 이 책이 함께합니다. 이 책은 영어 원어민의 시각에서 바라본 한국인들의 영어 말하기 문제점과 그 해결책을 제시하고 있으니까요. Best of luck to you!

해나 변

왜 영어 발음 향상 훈련을 해야 할까요?

영어를 쓰는 사람들과 자유롭게 소통하기 위해서입니다. 발음이 부정확하면 상대방과 대화할 때 전하고자 하는 의미가 잘못 전달될 수도 있고, 비즈니스를 할 때 상대방이 내 영어 실력이 부족하다고 생각할 수도 있습니다. 영어 발음을 훈련해 정확하게 발음하게 되면 상대방의 말을 정확히 이해할 수 있게 되고, 자신의 영어를 더 정확하게 전달할 수 있습니다.

그렇다면, 이런 향상 훈련을 위해 가장 먼저 해야 할 것은 무엇일까요? 우선 우리말과 영어 소리에 어떤 차이가 있는지 알아야 합니다. 우리말에 없는 영어 소리들은 조음법을 새로 배워서 자연스럽게 발음할 때까지 연습해야 합니다. 또 우리말과 비슷한 소리가 영어에 있다면 우리말과의 차이점을 이해하고 영어 발음법으로 고쳐서 연습해야 합니다.

이 책에서는 한국인의 영어 말하기 문제점과 그 해결책을 크게 4가지 포인트에 중점을 둬서 새롭게 배우고 훈련하게 합니다. 책에 나온 대로 발음 현상을 이해하고 원어민 음성에 따라 정확한 발음을 훈련하다 보면 듣기 실력이 향상될 뿐만 아니라 자연스럽게 말할 수 있습니다.

이런 유창성을 높이기 위해 이 책의 훈련은 다음 발음법에 중점을 두고 진행합니다.

1	맥락에 맞게 의미 단위로 읽는 끊어 읽기
2	음의 높낮이 변화를 이끄는 억양
3	의미 중요도에 따라 강약과 장단을 조절하는 리듬
4	빠르게 말하면서 일부 소리가 사라지거나 바뀌는 현상, 연음

이렇게 구성되어 있어요

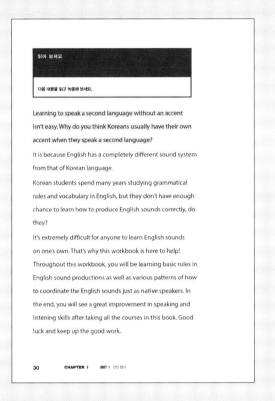

1단계: 진단 평가

진단 평가에 실린 영문을 읽고 직접 녹음해 보세요. 자신의 음성과 원어민의 음성을 비교하면서 강세, 연음, 억양, 끊어 읽기가 원어민과 얼마나 비슷한지 확인해 보세요.

진단 평가를 통해 자신의 발음 현주소를 확인하는 것으로 발음 공부를 시작하세요.

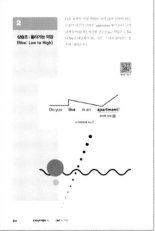

2단계: 영어로 유창하게 말하기

뿌리가 튼튼해야 가지가 무성하듯이 영어 발음도 기초를 단단히 다져야 합니다. 가장 먼저 의미 단위로 끊어 읽는 법을 익힙니다. 톤의 높낮이에 따른 영어의 억양도 이해해야 합니다. 또 한국인이 '으'와 '이'를 잘못 넣어 실수하는 영어 단어도 살펴봅니다. 이렇게 기본적인 발음법을 익히고 훈련하는 것이 발음 공부의 첫걸음입니다.

3단계: 올록볼록한 영어 리듬감 이해하기

우리말과 달리, 영어에서 올록볼록한 리듬이 생기는 것은 강세 있는 부분의 모음은 더 크고 길게 읽고, 강세 없는 부분의 모음은 작고 짧게 읽기 때문이죠. 강세, 이중모음, 영어식 리듬 훈련을 통해 이 올록볼록한 리듬감을 훈련하면 원어민처럼 리듬을 타며 말할 수 있습니다.

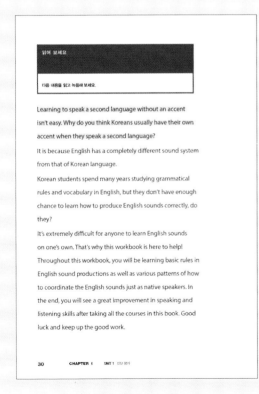

4단계: 자연스럽게 이어서 말하고 듣기

영어를 못 알아듣는 이유 중 하나는 원어민이 빠르게 말하면서 본래의 음과 다른 음이 되기 때문입니다. 그래서 아는 단어도 제대로 알아듣지 못하는 경우가 많죠. 소리가 변화하는 현상을 배우면, 듣기 실력이 향상될 뿐만 아니라 제대로 발음할 수 있습니다. t와 d의 다양한 변화와 앞의 단어와 뒤따라오는 단어가 연결되면서 생기는 연음 현상을 훈련해 보세요. 알아들으면 말할 수 있습니다!

5단계: 실전 훈련

다양한 지문을 통해 그동안 배웠던 발음, 연음, 억양, 끊어 읽기, 리듬을 통합적으로 연습합니다. 원어민의 음성을 듣고 따라 하는 섀도잉을 하면서 원어민 악센트를 체화하는 훈련을 하세요.

참고로 남자 성우가 읽은 부분은 섀도잉 훈련을 할 때, 여자 성우가 읽은 부분은 보통 원어민들의 속도를 체화하기에 좋습니다.

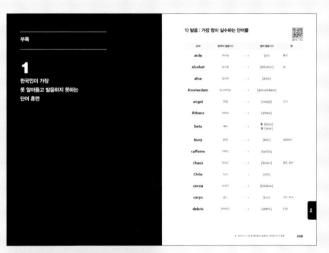

6단계: 부록

한국인이 가장 못 알아듣고 발음하지 못하는 단어와, 명사와 동사의 강세가 다른 단어를 총정리했습니다. 이 단어들만 소리 내어 훈련해도 훨씬 정확한 발음으로 말할 수 있습니다.

이렇게 발음 훈련하세요

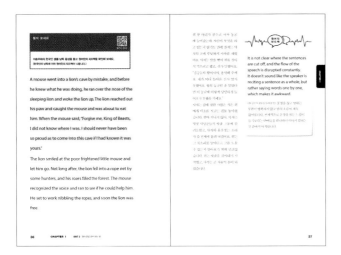

들어 보세요

한국인의 샘플 낭독 음성을 듣고 이어 나오는 원어민의 피드백을 들어 보세요. 원어민의 시각에서 한국인의 발음이 어떻게 들리는지 확인할 수 있습니다. 듣는 것에 그치지 말고, 자신의 음성도 직접 녹음해 보세요. 끊어 읽기, 강세, 연음 등 발음법을 익힌 후에 다시 한번 녹음해서 비교해 보면 어떤 발음이 향상되었는지, 어떤 발음이 여전히 부족한지 파악할 수 있습니다.

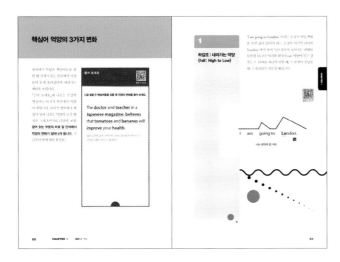

핵심 발음 개념

영어의 전달력을 높이기 위한 '정확성', '유창성'을 높이는 발음법과 예문이 나와 있습니다. 한국어식 발음과 영어 발음을 비교해 보고 원어민의 음성을 듣고 실제 발음을 따라 해 보세요. 우리말에 없는 발음들은 정확한 혀의 위치와 발음법을 이미지로 확인할 수 있습니다. 이 다양한 발음법을 이해하고 직접 소리 내어 말하다 보면 몸에 익히게 됩니다.

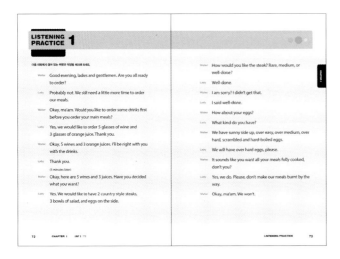

Listening Practice

문제를 풀면서 앞서 익힌 끊어 읽기, 강세, 리듬 등의 발음법을 확인합니다. 직접 체크하고 따라 읽으면서 어느 부분을 익혔고 어느 부분이 틀리는지 확인해 보고 미진한 부분은 더 연습해 보세요.

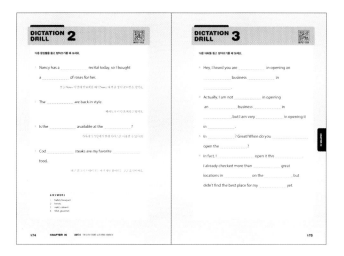

Dictation Drill

UNIT 8과 UNIT 9에는 받아쓰기 연습이 있습니다. 단어 안에서 가장 다양하게 변하는 t와 d의 소리 변화와 연음 현상을 이해하기 위한 연습입니다. 영어에서 약화되는 소리 변화를 이해해야 원어민의 말을 정확하게 알아듣고 원어민처럼 말할 수 있습니다.

발음 분석과 발음 포인트

[실전 훈련]의 발음 분석에서는 기능어가 약화되었을 때 내용어와 한 덩어리가 되는 것들이 표시되어 있습니다. 이 표시에 주의해서 원어민의 음성을 듣고 따라 읽어 보세요. 발음 포인트에서는 중점적으로 연습해야 하는 것이 별도로 정리되어 있으니 원어민의 음성을 듣고 소리 내어 읽어 보세요.

음원 파일 듣기
▶ QR코드로 듣기
▶ MP3 파일 다운로드: www.saramin.com
   ➡ 검색창에 도서 제목 입력 ➡ 도서 이미지 클릭
   ➡ MP3 탭 클릭 ➡ 파일 다운로드 ➡ 압축 해제 후 듣기

차례

INTRODUCTION　　영어 발음의 이해

CHAPTER 1　　영어로 유창하게 말하기

UNIT 1　　진단 평가

UNIT 2　　영어 문장 끊어 읽는 법

UNIT 3　　억양

CHAPTER 2   영어의 올록볼록한 리듬감 이해하기

CHAPTER 3　자연스럽게 이어서 말하고 듣기

UNIT 8　T와 D의 다양한 소리의 변화 이해하기

UNIT 9　영어의 연음 이해하기

CHAPTER 4 실전 훈련

부록

INTRODUCTION

영어 발음의
이해

영어 발음이 왜 중요한가요?

우리말에서도 '아' 다르고 '어' 다르듯 영어도 'L' 다르고 'R' 다릅니다. 여러분의 생각을 영어 원어민에게 정확하게 말하고 상대방의 말을 정확하게 이해하려면 우선 소리의 차이를 알아야 합니다. 발음을 정확하게 구분하지 못하면 대화를 할 때 오해를 부르기 쉬우니까요.

물론 영어를 처음 배우는 사람이 원어민과 대화를 한다면 상대방이 대화하는 사람의 수준을 알고 대개 천천히 대답해 주고 발음이 서툴러도 귀엽게(?) 봐주기도 하며, 상대방의 말을 정확하게 이해하려고 친절하게 반복해서 물어보며 내용을 확인하기도 합니다. 하지만 어느 정도 의사소통이 가능할 정도가 되면 발음이 의외로 중요하게 작용합니다. 부정확한 영어 발음 때문에 대화할 때 의미가 잘못 전달되기도 하고, 혹여 비즈니스를 하기 위해 영어를 할 경우 영어 발음은 사실 그 사람의 영어 실력으로 비칠 수가 있기 때문입니다.

스피킹 & 리스닝의 자신감 향상

다음 영어 단어들의 한국어식 발음을 살펴볼까요?

영어 단어	=	한국어식 발음
leave [líːv] 떠나다 live [lív] 살다	=	리브
said [séd] 말했다 sad [sǽd] 슬픈	=	새드
pool [púːl] 웅덩이 pull [púl] 당기다	=	풀
lunch [lʌ́ntʃ] 점심 launch [lɔ́ːntʃ] 개시하다	=	런치
coast [kóʊst] 해안 cost [kɔ́ːst] 비용	=	코스트
road [róʊd] 길 load [lóʊd] 짐	=	로드
pork [pɔ́ːrk] 돼지고기 fork [fɔ́ːrk] 포크	=	포크
think [θíŋk] 생각하다 sink [síŋk] 가라앉다	=	씽크
though [ðóʊ] 비록 ~지만 dough [dóʊ] 반죽	=	도우
Jone [dʒóʊn] 사람 이름 zone [zóʊn] 구역	=	존

우리는 앞의 사례와 같이 의미가 다른 두 단어를 똑같은 한 소리로 말합니다. "I eat pork with a fork. (나는 돼지고기를 포크를 써서 먹어요.)"라는 문장을 한국어식으로 "아이 잇 포크 위드어 포크"처럼 말한다면, pork와 fork의 발음이 같아서 상대방은 화자가 무슨 말을 하는지 이해하지 못할 수도 있습니다.

한번 입장 바꿔서 생각해 보죠. 영어 원어민이 여러분에게 영어식 악센트가 있는 발음으로 "방에서 빵 먹어요?"라고 말했는데, 영어에서는 'ㅂ'와 'ㅃ'가 동일하게 [b]로 발음한다는 것을 모른다면 "방에서 빵 먹어요?"라고 정확하게 알아듣기 어려울 거예요.

특히 우리말과 영어는 소리 체계가 똑같은 소리가 하나도 없이 완전히 다르기 때문에 한국식 악센트로 영어를 말하게 되면 영어 원어민들이 내용을 이해하기 힘들어할 때가 많습니다. 이러한 문제를 해결하려면 **먼저 한국어의 소리와 영어의 소리에 어떠한 차이가 있는지 알아야 합니다.** 우리말에 없는 영어의 소리들은 발음법을 새로이 배워서 대화를 할 때 자연스럽게 적용하는 수준에 이를 때까지 연습해야 하며, 우리말과 비슷한 소리가 영어에 있다면 우리말과의 차이점을 이해하고 영어 발음법으로 고쳐 나가야 합니다.

지속적인 훈련을 통해 원어민이 여러분의 영어를 잘 알아듣는 수준에 도달하게 되면 상대방이 내 말을 제대로 알아듣고 있다는 확신이 생기게 되고, 그러한 확신이 자기 영어에 대한 자신감으로 이어지게 됩니다. 여기에 지속적으로 어휘력과 표현력을 키워 나가면 영어를 유창하게 말할 수 있는 능력이 완성되는 것입니다.

발음이 좋아지면 상대방의 말을 쉽게 알아들을 수 있습니다. 뉴스 프로그램에서 아나운서들이 하는 말을 들어 보세요. 훈련과 연습을 통해 정확한 발음과 발성으로 또박또박 말하는 아나운서들의 말은 일반인들의 말소리에 비해 오해의 여지도 적고 비교적 정확하고 명료하게 이해할 수 있습니다. 이렇듯 발음이 명확해지면 상대방이 아예 모르는 어휘를 사용하지 않는 한 나 이해할 수 있게 됩니다.

▶

영어 발음은 곧 여러분의 이미지!

영어를 유창하게 잘하는 사람이라도 대화할 때 영어 발음이 부정확하면 영어가 뭔가 어색하게 들리고 상대방이 잘 알아듣고 있나 하는 의문이 생깁니다. 쉽게 말하면 영어가 왠지 없어 보이죠. 하지만 영어가 유창한 수준은 아니라고 하더라도 L과 R 발음이 정확해서 girl, world, early 같은 단어들을 자연스럽게 할 수 있다면 왠지 모르게 신뢰가 가고 영어를 잘하는 것처럼 보입니다. 즉, 영어가 있어 보인다는 말이죠.

영어 발음이 정확하면 말하는 여러분은 영어에 자신감이 붙고 듣는 사람은 상대방 영어 실력에 신뢰를 보낼 수 있습니다. 영어 발음 공부는 여러분의 영어에 전달력을 높여주고 상대방의 대화를 올바르게 이해하기 위해서 영어 공부를 하는 분들이라면 한번은 꼭 다잡고 넘어가야 하는 과정입니다.

영어 스피치의 전달력을 높이는 2가지 요소, 정확성(accuracy)과 유창성(fluency)

영어로 말할 때 전달력을 높이려면 정확성(accuracy)과 유창성(fluency), 이 두 마리 토끼를 다 잡아야 합니다. 정확성은 앞에 언급한 것처럼 여러분의 영어 발음을 개선해서 다질 수 있습니다. 하지만 영어로 정확하게 말할 수 있다고 하더라도 유창성이 부족하면 여러분의 영어가 부자연스럽게 들립니다. 마치 한국어를 배운 외국인이 발음은 정확하지만 유창성이 부족해서 다음 문장을 마디별로 잘못 끊어 읽어서 말하면 어색하게 들리는 것처럼 말이죠.

안녕하세요. 만나서 정말 반가워요.

'안' / '녕하' / '세요만' / '나' / '서정' / '말반' / '가' / '워요'.

위의 문장을 집중해서 듣지 않으면 우리말을 하는지도 모르고 지나갈 수도 있겠죠? 이렇듯 영어를 말할 때는 '정확성'뿐만 아니라 '유창성' 또한 매우 중요합니다. 이러한 유창성을 높이기 위해서는 무엇이 필요할까요?

1 끊어 읽기(pauses)

영어를 유창하게 말하기 위해서는 맥락에 맞게 의미 단위로 끊어 읽어야 합니다. 우리말도 끊어 읽는 부분이 부정확하면 "누나가 / 방에 / 돌아가버렸네."를 "누나 / 가방에 / 돌 아가 / 버렸네."라고 말하면 아주 무서운 의미로 오해할 수 있는 것처럼, 영어도 끊어 읽기에 따라서 의미와 어조가 달라질 수 있기 때문에 제대로 끊어 읽는 방법을 알아야 합니다.

2 억양(intonation)

억양은 말할 때 음의 높낮이의 변화를 말합니다. 영어로 대화할 때 음이 높아지는지 낮아지는지에 따라 어감이 달라질 수 있기 때문에 영어 억양을 표현하는 방법을 이해해야 합니다. "Hello"라고 인사할 때 억양에 따라서 어떻게 의미가 달라지는지 살펴볼까요?

MP3-001

억양 차이	뜻 차이
억양 내려감	**Hello!** 안녕(사무적인 인사)
억양 살짝 올라감	**Hello!** 안녕(밝고 다정한 느낌의 인사)
억양 많이 올라감	**Hello?** 1. (전화를 받으며) 여보세요? 2. (알아듣지 못해서) 뭐라고요?
억양 올라갔다 내려갔다 올라감	**Hello?** (분위기가 험악할 때) 뭐야? / 까불래?

이러한 영어의 억양을 이해하면 좀 더 원어민처럼 자연스럽게 영어를 말할 수 있습니다.

3 리듬(rhythm)

영어는 문장을 읽을 때 문장에서 의미의 중요도에 따라서 강약과 장단을 조절합니다. 문장에서 중요한 의미의 단어들은 좀 더 세게 말하고 상대적으로 중요하지 않은 의미의 단어들은 약하게 말하게 되어 굴곡진 리듬감이 생기는 것이죠.

우리말은 영어와 다르게 이러한 리듬감이 없고 모든 단어를 비슷한 크기와 길이로 말하기 때문에 한국인들은 영어의 굴곡진 리듬감을 따라 하는 것을 어색해합니다. 문장 안에서 힘을 줘야 할 부분과 빼야 할 부분을 배워서 자연스럽게 말하는 연습을 꾸준히 해야 원어민처럼 리듬감 있게 말할 수 있습니다.

4 연음(linking)

우리말도 "그냥 해!"라는 말을 빨리 하면 "기냥 해!" 또는 "걍 해!"가 되어 버립니다. 영어도 마찬가지로 문장을 빠르게 말하면 소리가 연결되면서 일부 소리가 사라지거나 바뀌게 되는 연음 현상이 일어납니다. 한국어는 모국어라서 빨리 말할 때 소리가 바뀌는 연음 현상을 어렵지 않게 이해할 수 있습니다. 살면서 일상생활에서 무수히 많은 경험을 해 봤기 때문이죠. 대표적인 연음 현상을 다음 문장을 통해 확인해 보세요.

개 한 마리가
작은 고양이를 쫓아가요.

A dog is chasing a little cat.

You got to get them up!을
빨리 말할 때의 연음 현상

MP3-002

You got to get them up!

normal   유갓투 겟뎀업!

You gotta get'em up!

faster   유가다 게뎀업!

gotta-get'emup

fastest   가라게르멉!

(네가 그들을 깨워야 해!)

반면에 영어 연음은 많이 경험해 보지 못했기 때문에 모르면 제대로 들을 수도 없고 비슷하게 말하기도 어렵습니다. 앞에 나왔던 문장이 아주 전형적인 예입니다. 그래서 어떤 상황에서 소리가 변하게 되는지 시간과 노력을 투자해 공부해야 한다는 뜻입니다. 영어의 연음 현상이 어떠한 상황에서 일어나는지 알게 되면 아무리 영어 발음이 많이 변해도 원래의 의미를 정확하게 유추할 수 있습니다.

⑤ 발성, 호흡

우리말은 한마디 한마디를 비슷한 크기와 길이로 말하는 '음절 박자 언어'입니다. 그래서 문장을 말할 때의 발성과 호흡이 큰 차이 없이 일정한 박자로 이어지는 언어이죠. 하지만 영어는 우리말과 다른 '**강세 박자 언어**'입니다. **강세에 따라서 강세가 있는 부분은 소리를 크고 길게 말하고 강세가 없는 부분은 작고 짧게 말하게 되어 마디마다 강약과 장단에 큰 차이가 생기게 되죠.** 이렇게 강약의 차이가 크다는 것은 우리말보다 말할 때 발성에

변화를 더 많이 줘야 하는 것이고, 장단의 차이가 크다는 것은 호흡을 길게 늘이고 줄이는 것에 더 많이 신경을 써야 한다는 것이죠.

즉, 영어라는 언어 자체가 우리말과 다르게 발성과 호흡에 더 많은 신경을 써야 하는 언어입니다. 영어 문장을 계속 읽다 보면 조금 긴 내용을 읽으면 숨이 차는 경험을 한 적이 있을 거예요. 문장에서 의미의 중요도에 따라서 여러 단어들이 하나의 의미 덩어리로 만들어지고 이러한 의미 덩어리에 맞춰서 발성과 호흡을 가다듬어야 하는데, 우리말식으로 말하다 보면 들숨을 쉬어야 할 포인트를 놓칠 수 있어서 숨이 차게 되는 것입니다. 이러한 발성과 호흡은 앞서 언급한 영어식 끊어 읽기, 억양, 연음, 리듬을 이해하고 꾸준히 연습하다 보면 영어를 말할 때 의도하지 않아도 자연스럽게 원어민식으로 바뀌게 됩니다.

지금부터 여러분의 영어에 정확성과 유창성을 향상시키는 방법을 하나씩 차근차근 배워 볼까요?

CHAPTER

1

영어로

유창하게

말하기

————

————

————

————

진단 평가

Learning to speak a second language without an accent isn't easy. Why do you think Koreans usually have their own accent when they speak a second language?

It is because English has a completely different sound system from that of Korean language.

Korean students spend many years studying grammatical rules and vocabulary in English, but they don't have enough chance to learn how to produce English sounds correctly, do they?

It's extremely difficult for anyone to learn English sounds on one's own. That's why this workbook is here to help! Throughout this workbook, you will be learning basic rules in English sound productions as well as various patterns of how to coordinate the English sounds just as native speakers. In the end, you will see a great improvement in speaking and listening skills after taking all the courses in this book. Good luck and keep up the good work.

악센트 없이 제2외국어를 배우는 건 쉽지 않습니다. 한국인들이 보통 제2외국어를 할 때 왜 한국인 특유의 악센트가 나온다고 생각하시나요? 영어에는 한국어와 전혀 다른 소리 체계가 있기 때문입니다.

한국 학생들은 영어 문법과 단어를 공부하는 데 많은 시간을 보내지만, 정작 올바른 소리를 내는 법을 배울 기회는 충분하지 않습니다. 그렇죠? 영어 소리를 스스로 배우는 것은 누구에게나 매우 어려운 일입니다. 그래서 이 워크북이 도움을 드릴 수 있습니다! 이 워크북을 통해 여러분은 영어 소리를 내는 기본 규칙뿐만 아니라 원어민처럼 소리를 조합해 내는 다양한 패턴을 배우게 될 것입니다. 이 책의 모든 레슨을 마치면 마침내 말하기와 듣기 실력이 크게 향상될 것입니다. 행운을 빌며, 앞으로 꾸준히 공부해 보세요.

자가진단 체크 리스트

앞의 내용을 녹음한 여러분의 음성과 원어민의 음성을 비교하면서
강세, 연음, 억양, 끊어 읽기가 원어민과 얼마나 비슷한지 직접 비교해 보세요.

Learning to speak a second language / without an accent /

isn't easy. //

Why do you think / Koreans usually have their own accent /

when they speak (/) a second language? //

It is because English / has a completely different sound system

/ from that of Korean language. //

Korean students / spend many years / studying grammatical

rules / and vocabulary / in English, /

but they don't have enough chance / to learn how to

produce / English sounds correctly, / do they? //

It's extremely difficult / for anyone / to learn English sounds /

on one's own. //

빨간색 볼드체	강세 있는 부분		하강조	억양	/ //	끊어 읽는 부분
밑줄 친 부분	하나로 이어서 읽어야 하는 부분		약상승조			
			상승조			

MP3-003

That's why this workbook is here / to help! //

Throughout this workbook, / you will be learning basic rules /

in English sound productions /

as well as various patterns / of how to coordinate the

English sounds / just as native speakers. //

In the end, / you will see / a great improvement /

in speaking / and listening skills /

after taking / all the courses / in this book. //

Good luck / and keep up the good work. //

Elementary Level(초급 수준): 원어민과 발음의 차이가 크고 읽을 때 톤이 단조롭고 강약과 장단의 차이가 크지 않으며 자연스럽게 의미 단위로 이어서 읽기보다는 일정한 박자로 단어 마디마다 끊기듯이 낭독하는 경우입니다. 이 책에 나와 있는 발음, 끊어 읽기, 억양, 연음, 강세, 리듬의 개념을 차근차근 이해하면서 적용하며 개선시키는 노력이 필요합니다.

Intermediate Level(중급 수준): 발음은 자연스러운 편이지만 전체적으로 톤이 일관적이고 강약과 장단의 차이가 크지 않아 단조롭게 들리는 경우입니다. 이 책에 나와 있는 끊어 읽기, 억양, 강세, 리듬의 개념을 이해하고 연습해야 합니다.

Advanced Level(고급 수준): 유창한 발음에 부드럽게 이어서 읽는 것도 원어민의 영어처럼 자연스럽지만 호흡이 약간 불안정하여 특정 부분의 읽는 속도가 갑자기 빨라지거나 모르는 단어나 표현이 나오면 가끔씩 버벅거리며 말할 때가 있습니다. 또 억양이 단조롭거나 끊어 읽는 마디마다 너무 지나치게 음의 높낮이에 변화를 주어 하나하나 강조하듯이 말하는 경우도 많습니다. 이 책에 나와 있는 끊어 읽기와, 연음, 리듬의 개념을 이해하고 연습해야 합니다.

영어 문장
끊어
읽는 법

이솝우화의 한국인 샘플 낭독 음성을 듣고 원어민의 피드백을 확인해 보세요.
(한국인의 낭독에 이어 원어민의 피드백이 나옵니다.)

A mouse went into a lion's cave by mistake, and before he knew what he was doing, he ran over the nose of the sleeping lion and woke the lion up. The lion reached out his paw and caught the mouse and was about to eat him. When the mouse said, "Forgive me, King of Beasts, I did not know where I was. I should never have been so proud as to come into this cave if I had known it was yours."

The lion smiled at the poor frightened little mouse and let him go. Not long after, the lion fell into a rope net by some hunters, and his roars filled the forest. The mouse recognized the voice and ran to see if he could help him. He set to work nibbling the ropes, and soon the lion was free.

쥐 한 마리가 실수로 사자 동굴에 들어갔는데, 자신이 무엇을 하고 있는지 알기도 전에 잠자는 사자의 코에 부딪혀서 사자를 깨웠어요. 사자는 발을 뻗어 쥐를 잡아서 먹으려고 했죠. 쥐가 말했어요. "짐승들의 왕이시여, 용서해 주세요. 제가 어디 들어온 건지 알지 못했어요. 왕의 동굴인 줄 알았다면 이 동굴에 이렇게 당당하게 들어오지 못했을 거예요."

사자는 겁에 질린 가엾은 작은 쥐에게 미소를 짓고는 쥐를 놓아줬습니다. 얼마 지나지 않아, 사자는 몇몇 사냥꾼들의 밧줄 그물에 걸려들었고, 사자의 울부짖는 소리가 숲 전체에 울려 퍼졌어요. 쥐는 그 목소리를 알아듣고 그를 도울 수 있는지 알아보기 위해 달려갔습니다. 쥐는 밧줄을 갉아대기 시작했고, 사자는 곧 자유의 몸이 되었습니다.

It is not clear where the sentences are cut off, and the flow of the speech is disrupted constantly. It doesn't sound like the speaker is reciting a sentence as a whole, but rather saying words one by one, which makes it awkward.

(한국인의 샘플을 들어보면,) 문장을 끊고 말하는 부분이 명확하지 않고 말의 흐름이 계속 끊어집니다. 전체적으로 문장을 읽는 느낌이 들기보다는 단어들을 하나하나 이어서 말하는 것 같아서 어색합니다.

영어의 끊어 읽기란?

영어를 유창하게 말하기 위해서 가장 먼저 해야 할 것은 바로 의미 단위로 끊어 읽는 것입니다. 긴 문장을 자연스럽게 말하려면 문장에서 하나의 **'의미 덩어리'**로 해석되는 부분에 맞춰 끊어서 말해야 합니다. 의미 단위로 끊어서 말하지 않으면, 아무리 발음이 정확하다고 하더라도 듣는 사람이 내용을 알아듣기 어렵게 됩니다.

예를 들면, **"아버지가 방으로 돌아가신다고 하십니다."**라는 표현을 **"아버지 / 가방으로돌 / 아가신다 / 고하십니다."**라고 한다면 듣는 상대방이 한국인이라도 내용을 이해하기 어려울 것입니다.

우리말에서는 "우리 아이가 / 샌드위치를 먹어요.", "헨리가 / 학교에 가요."처럼 '주어+목적어+동사' 또는 '주어+부사(구)+동사'의 순서로 어순이 만들어집니다. 반면, 영어에서는 "Our child / is eating / a sandwich.", "Henry / is going / to school."처럼 '주어+동사+목적어/부사(구)'처럼 주어 다음에 동사를 미리 말해 놓고 내용을 이야기합니다.

또 우리말에서는 "정장을 입은 할머니가 / 초록색으로 칠한 집에 / 가고 계세요."처럼 주로 명사 앞에 각각의 명사를 꾸미는 수식어구가 놓입니다. 반면, 영어에서는 "An old lady / who is wearing a suit / is going to a house / colored in green."처럼 각각의 명사 뒤에서 꾸밀 수도 있기 때문에 우리말과 말하는 순서가 다를 뿐만 아니라 끊어 읽는 부분도 달라질 수 있습니다.

따라서 이러한 영어와 한국어의 어순 차이를 알고 있으면 영어를 읽을 때도 좀 더 자연스럽게 말할 수 있습니다

지금부터 영어 문장을 자연스럽게 끊어서 말하는 법을 자세히 배워 볼까요?

영어에서는 모든 사람들이
끊어 읽는 방식이 다 달라요!

영어 원어민이 말하는 것을 들어 보면 사람마다 끊어 읽는 부분이 조금씩 달라서 헷갈릴 때가 많습니다.

들어 보세요

MP3 -005

다음 문장들의 원어민 음성을 들어 보세요.

I think that she is a nice person.
나는 그녀가 좋은 사람이라고 생각해요.

1   I think that she is a nice person.
    (한 번도 끊지 않고 단번에 말함)

2   I think / that she is a nice person.
    (think 다음에 한 번 끊어서 말함)

3   I think that / she is a nice person.
    (that 다음에 한 번 끊어서 말함)

4   I think she / is a nice person.
    (that을 생략하고 she 다음에 한 번 끊어서 말함)

5   I think / that she / is a nice person.
    (think와 she 다음에 두 번 끊어서 말함)

왜 같은 문장인데도 사람마다 끊어 읽는 위치가 다른 걸까요? 흥미롭게도 **영어에서는 문장에서 호흡을 끊으면 끊는 부분 바로 앞의 단어에 중요한 의미를 부여하기 때문입니다.**

1 I think that she is a nice person.
   ▶ 특별히 강조할 부분이 없음

2 I **THINK** / that she is a nice person.
   ▶ 그녀가 좋은 사람이라고 내가 '믿고 있다'는 것을 강조함

3 I think **THAT** / she is a nice person.
   ▶ '그녀가 좋은 사람이라는 사실'을 강조함

4 I think **SHE** / is a nice person.
   ▶ (다른 사람이 아닌) '그녀'라는 사실을 강조함

5 I **THINK** / that **SHE** / is a nice person.
   ▶ (다른 사람이 아닌) '그녀'와 '믿고 있다'는 것을 강조함

즉, 영어에서는 말하는 사람이 끊어 읽는 부분을 신경 써서 들어보면 문장에서 어느 부분을 강조하면서 말하고 있는지 알 수 있습니다. 하지만 문장에서 특정한 부분을 강조할 것이 아니라면 기본적으로는 문장에서 의미 단위로 끊어서 읽어야 자연스럽습니다.

끊어 읽는 5가지 법칙

지금부터 영어를 자연스럽게 의미 단위로 끊어 읽는 5가지 법칙을 배워 볼까요?

1

구두점(punctuation) 뒤에서는 끊어 읽는다

.(마침표) ,(쉼표) :(콜론) ;(세미콜론) !(느낌표) ?(물음표) " "(따옴표) 같은 구두점 뒤에는 끊어 읽어야 합니다. 하지만 주의할 점이 있습니다. 문장에서 의미의 종결에 쓰이는 . : ! ? " "와 달리 ,(쉼표)는 뒤에 연관된 내용이 이어지게 됩니다.

들어 보세요

MP3-006

다음 문장들을 먼저 읽고 원어민 음성을 들어 보세요.

1 "Professor Olsen's class is my favorite class." // All students shouted.

"Olsen 교수님의 수업은 제가 가장 좋아하는 수업이에요." 모든 학생들이 소리쳤다.

2 He likes to eat cheese cakes. // So do I.

그는 치즈 케이크 먹는 것을 좋아해요. 나도 그래요.

3 "Is this your book?" // Tom asked.

"이게 네 책이야?" Tom이 물었다.

4 There are two different colors: // black and white.

두 가지 색상이 있습니다. 검은색과 흰색입니다.

그렇기 때문에 . : ; ! ? " " 뒤에 2박자 정도를 쉬어 준다면, (쉼표) 다음에는 한 박자 빠르게 절반 정도를 쉬고 나서 이어지는 내용을 말해야 가장 자연스럽습니다.

5 He likes to go hiking **;** **//** his kids don't.

그는 산에 오르는 것을 좋아해요. 하지만 그의 아이들은 좋아하지 않아요.

6 **"**What a nice car**!"** **//** Jim said to his father.

"정말 멋진 차예요!" Jim이 아버지에게 말했다.

7 Busan**,** **/** the second largest city in Korea**,** **/** is famous for tourism.

부산은 한국에서 두 번째로 큰 도시로 관광지로 유명합니다.

2

접속사(and, but, or, since, because 등) 또는 관계대명사(who, which, that 등) 앞에서는 끊어 읽는다

문장에서 새로운 의미 구절을 만드는 접속사나 바로 앞의 명사를 꾸미는 관계대명사 앞에서는 끊어 읽어야 합니다. and, but, or, which, when, that, since, because 등의 접속사/관계대명사 앞에서 끊어 읽을 때는 ,(쉼표) 뒤에 끊어 말할 때와 마찬가지로 .(마침표) :(콜론) ;(세미콜론) !(느낌표) ?(물음표) " "(따옴표) 뒤에 끊어서 말할 때보다 반 박자 정도 빠르게 쉬고 이어지는 내용을 말해야 가장 자연스럽습니다.

들어 보세요

MP3-007

다음 문장들을 먼저 읽고 원어민 음성을 들어 보세요.

1 Tom has received the invitation letter, / **but** Mary hasn't.

Tom은 초청장을 받았지만 Mary는 받지 못했다.

2 I don't like this job / **because** I am not good at it.

나는 이 일을 잘하지 못해서 안 좋아한다.

3 I used to be a shy boy / **when** I was young.

나는 어릴 때 수줍은 소년이었다.

4 Kevin Kang, / **who** is a teacher at ABC institute, / is famous for pronunciation teaching.

Kevin Kang은 ABC 학원의 강사로 발음 강의로 유명하다.

5 The guy / **that** I met last night / recommended me / the mathematics class.

내가 어젯밤에 만난 남자가 내게 수학 수업을 추천했다.

3

부사가
주어 앞에 오면
끊어 읽는다

today, yesterday, tomorrow, this week, last morning, next time 등의 시간과 관련된 부사나 maybe, probably, fortunately, importantly 등의 상황을 나타내는 부사가 주어 앞에 올 경우에는 부사와 주어 사이를 끊어 읽어야 자연스럽습니다.

MP3-008

다음 문장들을 먼저 읽고 원어민 음성을 들어 보세요.

1 **Yesterday** / he came to my house.

어제 그가 내 집에 왔다.

2 **Today** / it will be dull and humid.

오늘은 흐리고 습하겠습니다.

3 **Maybe** / he will tell a lie to his friend.

아마도 그는 친구에게 거짓말을 할 것이다.

4 **Fortunately,** / he could find his missing key right away.

다행히 그는 잃어버린 열쇠를 바로 찾을 수 있었다.

4

구(phrase), 절(clause), 문장(sentence) 사이는 끊어 읽는다

1) 전체 문장의 길이가 짧으면 한 번에 읽는다

보통 한 문장이 5단어 이하로 되어 있으면 끊어 읽지 않고 단번에 읽습니다.

하지만 5단어 이상으로 된 문장의 경우에는 단번에 말하면 급하게 말하거나 한 호흡에 전달하는 내용이 많아져서 부자연스럽게 들릴 수 있기 때문에 의미 단위로 끊어서 말해야 더 자연스럽습니다.

들어 보세요

MP3-009

다음 문장들을 먼저 읽고 원어민 음성을 들어 보세요.

1 I like Tom.

나는 Tom을 좋아한다.

2 She doesn't like snakes.

그녀는 뱀을 좋아하지 않는다.

3 I hate playing the violin.

나는 바이올린 연주하는 것을 싫어한다.

4 We want to go there.

우리는 거기 가고 싶어요.

2) 전치사구, 부사구 다음에는 끊어 읽는다

주절의 내용을 부가적으로 설명하는 전치사구나 부사구 다음에는 끊어 읽어야 합니다. 마찬가지로 . : ; ! ? " " 뒤에 끊어서 말할 때보다 반 박자 정도를 빠르게 쉬고 다음 내용을 말해야 가장 자연스럽습니다.

MP3-010

다음 문장들을 먼저 읽고 원어민 음성을 들어 보세요.

1 Under the car, / we found a small crack.

차 아래에서 우리는 작은 균열을 발견했다.

2 Due to circumstance, / I wasn't able to come here.

사정이 있어서 나는 여기 올 수 없었다.

3 To get an A, / I studied very hard.

A학점을 받기 위해서 나는 열심히 공부했다.

4 In spite of my efforts, / I got a C.

내 노력에도 불구하고 나는 C학점을 받았다.

5 After watching TV, / we went to the bar.

TV를 본 후에 우리는 바에 갔다.

3) 주어, 목적어, 보어가 길면(3단어 이상) 끊어 읽는다

주어, 목적어, 보어가 너무 길면, 이런 구절 앞부분, 뒷부분을 끊어 읽어야 더 자연스럽습니다. 주어, 목적어, 보어 사이에 동사가 있을 때는 상대적으로 짧은 부분에 이어 붙여서 균형 있고 자연스럽게 말합니다. 즉, "I think that he is nice.(나는 그가 좋은 사람이라고 생각해.)" 처럼 주어가 짧은 문장에서는 "I think / that he is nice."처럼 앞에 주어를 붙여서 말하고 "The fact that she is smart is very obvious. (그녀가 똑똑하다는 사실은 아주 명백하다.)" 처럼 주어의 내용이 매우 긴 경우에는 "The fact that she is smart / is very obvious."처럼 주어 뒤를 끊어 읽고 동사를 뒤의 내용에 붙여서 말하면 좀 더 자연스럽게 말할 수 있습니다.

들어 보세요

MP3-011

다음 문장들을 먼저 읽고 원어민 음성을 들어 보세요.

1 To complete all of the courses / requires a lot of efforts.

모든 과정을 마치려면 많은 노력이 필요하다.

2 An amazingly smart student / has joined our team.

놀랍게도 똑똑한 학생 한 명이 우리 팀에 들어왔다.

3 I think / that they did a nice job.

나는 그들이 잘했다고 생각한다.

4 I know / why she was late today.

그녀가 오늘 왜 늦었는지 나는 안다.

5 Can you tell me / how to become a fluent English speaker?

유창한 영어 구사자가 되는 법을 말해 줄 수 있습니까?

5

구동사는
붙여 읽는다

'동사+부사' 또는 '동사+전치사'로 만들어진 구동사는 두 단어가 이어져서 하나의 의미를 만들기 때문에 중간에 끊지 않고 한 호흡으로 이어서 말해야 합니다.
'동사+부사'로 되어 있는 구문은 강세가 뒤쪽의 부사에 있고, '동사+전치사'로 되어 있는 구문은 강세가 앞쪽의 동사에 있으니 신경 써서 연습해야 합니다.

다음 단어들을 먼저 읽고 원어민 음성을 들어 보세요.

동사 + 부사

pick Tim **up**
turn it **on**
make it **out**
give it **away**

동사 + 전치사

look at you
talk about it
go to school

적당한 끊어 읽기와 일정한 속도로 말하는 것

영어 문장을 끊어 읽을 때는 우리말과 동일하게 의미 단위로 끊어 읽어야 하지만, 우리말과 동사의 어순 및 명사를 꾸미는 수식어구의 위치가 다르기 때문에 끊어 읽는 부분에 차이가 생기기도 합니다. 기본적으로 영어에서는 문장 중간에서 끊어서 말하면, 끊어 읽는 부분의 바로 앞 단어를 강조하는 느낌을 줍니다. 그렇기 때문에 영어 문장을 읽을 때 **일정한 속도로 말하면서 강조하고 싶은 단어 뒤에서 끊어서 말하면 중요한 내용을 확실하게 강조하면서도 자연스럽게 전달할 수 있습니다.**

한 호흡 안에 너무 많은 내용을 말하면 너무 많은 정보를 한 번에 전달하게 되어 내용의 핵심을 이해하기 어렵거나 문장에 요점이 없는 무성의한 대화로 보일 수 있습니다. 반대로 너무 빈번하게 단어마다마다 끊어서 말하게 되면, 흐름이 부자연스러워지면서 말할 때 자신이 없어 주저하면서 말하는 느낌을 줄 뿐만 아니라, 표현력이 부족하여 영어 문장을 자연스럽게 만들지 못하는 것으로 오해를 받을 수 있습니다.

따라서 상황에 맞게 적당한 끊어 읽기와 일정한 속도로 말하는 것은 의미 전달력을 향상시키면서 동시에 여러분의 영어를 유창하게 들리게 하는 기본 중의 기본이 됩니다.

다음의 이솝우화를 읽으면서 길게 끊어 읽어야 할 부분에는 //, 짧게 끊어 읽어야 할 부분에는 /를 표시해 보세요.

A mouse went into a lion's cave by mistake, and before he knew what he was doing, he ran over the nose of the sleeping lion and woke the lion up. The lion reached out his paw and caught the mouse and was about to eat him. When the mouse said, "Forgive me, King of Beasts, I did not know where I was. I should never have been so proud as to come into this cave if I had known it was yours."

The lion smiled at the poor frightened little mouse and let him go. Not long after, the lion fell into a rope net by some hunters, and his roars filled the forest. The mouse recognized the voice and ran to see if he could help him. He set to work nibbling the ropes, and soon the lion was free.

원어민의 음성을 듣고 끊어 읽어야 하는 부분을 생각하면서 따라 읽어 보세요.

A mouse (/) went into a lion's cave / by mistake, /

and before he knew / what he was doing, / he ran over

the nose / of the sleeping lion / and woke the lion

up. // The lion (/) reached out his paw / and caught

the mouse / and was about to eat him. // When the

mouse said, / "Forgive me, / King of Beasts, / I did not

know / where I was. // I should never have been so

proud / as to come into this cave / if I had known /

it was yours." //

앞서 설명한 것처럼 끊어 읽기는 말하는 사람이 강조하는 단어에 따라서 달라질 수 있습니다.
다음의 예시는 가장 일반적으로 끊어 읽는 부분을 표기한 것입니다. 괄호로 표시한 부분은
이야기를 빠르게 읽을 경우에 끊지 않고 이어서 말해도 자연스러운 부분입니다.

The lion smiled (/) at the poor frightened little mouse

/ and let him go. // Not long after, / the lion fell into

a rope net / by some hunters, / and his roars (/) filled

the forest. // The mouse recognized the voice / and

ran to see / if he could help him. // He set to work /

nibbling the ropes, / and soon / the lion was free. //

UNIT

3

억양

다음 대화의 한국인 샘플 낭독 음성을 듣고 원어민의 피드백을 확인해 보세요.

Waiter	Good evening, ladies and gentlemen. Are you all ready to order?
Lady	Probably not. We still need a little more time to order our meals.
Waiter	Okay, ma'am. Would you like to order some drinks first before you order your main meals?
Lady	Yes, we would like to order 5 glasses of wine and 3 glasses of orange juice. Thank you.
Waiter	Okay, 5 wines and 3 orange juices. I'll be right with you with the drinks.
Lady	Thank you.
	(5 minutes later)
Waiter	Okay, here are 5 wines and 3 juices. Have you decided what you want?
Lady	Yes. We would like to have 2 country style steaks, 3 bowls of salad, and eggs on the side.
Waiter	How would you like the steak? Rare, medium, or well-done?
Lady	Well-done.
Waiter	I am sorry? I didn't get that.
Lady	I said well-done.
Waiter	How about your eggs?
Lady	What kind do you have?
Waiter	We have sunny side up, over easy, over medium, over hard, scrambled and hard-boiled eggs.
Lady	We will have over hard eggs, please.
Waiter	It sounds like you want all your meals fully cooked, don't you?
Lady	Yes, we do. Please, don't make our meals burnt by the way.
Waiter	Okay, ma'am. We won't.

Waiter	안녕하세요, 고객님. 주문하시겠습니까?
Lady	아직이요. 무엇을 주문해야 할지 정할 시간이 조금 더 필요해요.
Waiter	알겠습니다. 메인 식사를 주문하시기 전에 음료를 먼저 주문하시겠습니까?
Lady	네, 와인 5잔과 오렌지 주스 3잔 주문할게요. 고마워요.
Waiter	알겠습니다. 와인 5잔과 오렌지 주스 3잔이시죠. 바로 가지고 오겠습니다.
Lady	감사합니다.
	(5분 후에)
Waiter	자, 여기 주문하신 와인 5잔과 오렌지 주스 3잔입니다. 뭘 주문하실지 결정하셨나요?
Lady	네. 컨트리 스타일 스테이크 2개, 샐러드 3개 주시고 계란은 따로 주세요.
Waiter	스테이크 굽기는 어떻게 해드릴까요? 레어, 미디움, 아니면 웰던이요?
Lady	웰던이요.
Waiter	다시 한번 말씀해 주시겠어요? 못 들었습니다.
Lady	웰던이라고 말씀드렸어요.
Waiter	계란은 어떻게 해드릴까요?
Lady	종류가 뭐가 있죠?
Waiter	한쪽만 익힌 것, 한쪽은 익히고 다른 한쪽은 살짝 익힌 것, 양쪽 익히고 계란 노른자는 흘러내리지 않을 정도로 익힌 것, 양쪽 익히고 계란 노른자까지 익힌 것, 스크램블, 삶은

	계란이 있습니다.
Lady	노른자까지 양쪽 다 익힌 것으로 주세요.
Waiter	말씀 들어보니 식사를 전부 익히는 것을 원하시네요. 그렇죠?
Lady	네, 맞아요. 그리고 식사는 태우지 말아 주세요.
Waiter	네, 안 그러겠습니다.

Overall, the tone change is monotonous, so it is difficult to understand which part the speaker wants to emphasize. It is hard to tell if the speaker is done talking or if she wants to continue talking. And the tone on all question recitation goes up rapidly that it sounds awkward.

전체적으로 톤의 변화가 단조로워서 화자가 어느 부분을 강조해서 말하고 싶어 하는지 알기 어렵습니다. 화자가 할 말을 다한 것인지 계속 이야기를 하고 싶은 것인지 알기 어렵습니다. 질문하는 문장들은 모두 톤이 급격히 올라가고 있어서 어색합니다.

억양(intonation)이란?

억양은 영어로 말할 때 음의 높낮이 변화를 뜻합니다. 즉 대화를 할 때 목소리의 톤이 높아지는지 낮아지는지에 따라 억양이 달라지게 되는 것이죠. **영어의 억양은 어떻게 음을 조절하는지에 따라서 의미를 바꾸기도 하고 감정을 표현하기도 하며, 특정 부분을 강조할 수도 있을 뿐만 아니라 대화의 지속 여부를 확인할 수 있기 때문에 정확한 억양을 이해하는 것은 매우 중요합니다.**

우리나라 사람들이 영어를 말할 때 한국식 억양 패턴으로 말하면 음의 변화가 단조로워져 감정을 드러내지 않는 무뚝뚝한 사람으로 오해를 받을 수 있습니다. 또 불필요하게 특정 단어들을 의도치 않게 강조하거나 말의 끝부분을 흐려서 자신감이 없거나 대화하기를 주저하는 사람으로 오해를 받을 수 있습니다. 그렇기 때문에 영어식 억양을 이해하는 것은 말하는 사람의 표현의 뉘앙스를 파악하고 상황에 맞게 대응하기 위해서 반드시 필요합니다.

그렇다면 과연 어떤 단어들에서 억양의 변화가 크게 생기는 걸까요? 문장에서 억양의 큰 변화가 생기는 부분은 바로 문장에서 핵심 의미가 있는 **주어, 동사, 목적어, 보어** 부분입니다. 따라서 **주어, 동사, 목적어, 보어에 위치한 명사, 일반동사, 형용사, 부사**에 해당하는 각 단어에서 음의 높낮이가 높아졌다가 낮아지는 변화가 나타납니다.

「들어 보세요」에서 밑줄 친 단어들을 말할 때 억양의 변화를 들어 보면, 밑줄 치지 않은 다른 단어들에 비해 단어에서 억양의 차이가 크게 변하는 것을 알 수 있습니다.

주의 ✅ 대명사는 주어, 목적어, 보어 자리에 위치하더라도 약화시켜 발음해야 합니다. (p.139 〈대명사〉 참고)

들어 보세요

MP3-015

다음 문장들의 원어민 음성을 들어 보세요.

1 He **wants** to be a **doctor**, but he has **not done** his **degree**.

그는 의사가 되고 싶었지만 학위를 받지 못했다.

2 She has been **working hard** on her **project** for her **parents**.

그녀는 자신의 부모님을 위한 프로젝트에서 열심히 일하고 있다.

핵심어 억양의 3가지 변화

영어에서 억양은 핵심어들을 말할 때 강세가 있는 부분에서 가장 음이 높게 올라갔다가 내려가는 패턴을 보입니다.

「들어 보세요」에 나오는 문장의 핵심어들 마지막 부분에서 억양이 변합니다. 북미식 영어에서 핵심어 뒤에 나오는 억양의 조절 방식은 크게 3가지로 나뉘며, 보통 **끊어 읽는 부분의 바로 앞 단어에서 억양의 변화가 일어나게 됩니다.** 지금부터 함께 배워 볼까요?

들어 보세요

MP3 · 016

다음 밑줄 친 핵심어들을 읽을 때 억양의 변화를 들어 보세요.

The **doctor** and **teacher** in a **Japanese magazine**, **believes** that **tomatoes** and **bananas** will **improve** your **health**.

일본 잡지에 실린 의사이자 교사는 토마토와 바나나가 건강에 도움이 된다고 생각한다.

1

하강조 : 내려가는 억양
(Fall : High to Low)

"I am going to London."이라는 문장의 억양 변화를 보면 끊어 읽어야 하는 문장의 마지막 단어인 'London'에서 음이 높아졌다가 낮아지는 변화를 보이게 됩니다. 이러한 하강조(Fall) 억양이 되는 경우는 ① 단어를 하나씩 말할 때, ② 문장이 끝났을 때, ③ 육하원칙 질문일 때입니다.

MP3-017

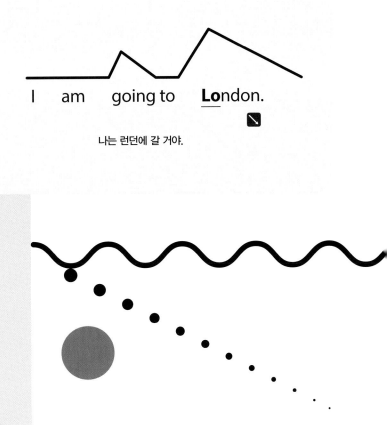

I   am   going to   **Lo**ndon.

나는 런던에 갈 거야.

① 단어를 하나씩 말할 때

핵심 내용을 만드는 주어, 동사, 목적어, 보어를 구성하는 명사, 동사, 형용사, 부사 등의 단어를 하나씩 말할 때는 마지막 부분의 억양이 하강조가 됩니다.

② 문장이 끝났을 때

문장의 마지막에 종결을 의미하는 구두점인 마침표(.), 느낌표(!), 콜론(:), 세미콜론(;)이 쓰이면 그 앞 단어의 억양은 하강조를 보이게 됩니다.

다음 문장들을 먼저 읽고 원어민의 음성을 들어 보세요.

1 They have four **categories** .
   4가지 범주가 있다.

2 I want to come **here** .
   나는 여기 오고 싶어.

3 I'm leaving **tomorrow** .
   난 내일 떠날 거야.

4 I'm leaving **soon** .
   나는 곧 떠날 거야.

5 Open the **window** !
   창문 좀 열어!

6 Open the **door** !
   문 좀 열어!

7 This product has three different types of **colors** : white, black, and **gray** .
   이 제품은 3가지 색상이 있어요. 흰색, 검은색, 회색입니다.

8 Jamie likes **birds** ;
   Tom **doesn't** .
   Jamie는 새를 좋아하지만 Tom은 좋아하지 않아요.

3 육하원칙 (What, Where, When, Who, Why, How) 질문일 때

5W1H(What, Where, When, Who, Why, How)라고 불리는 육하원칙을 만드는 의문사로 시작되는 의문문을 말할 때는 우리말과 다르게 마지막 부분의 억양이 하강조가 됩니다. 문장 마지막에 물음표(?)가 있으면 무조건 상승조가 되는 우리말 억양과 반대이기 때문에 말할 때 주의해야 합니다.

들어 보세요

MP3-020

다음 문장들을 먼저 읽고 원어민의 음성을 들어 보세요.

1 What is your **name** ◥?

당신 이름은 어떻게 되나요?

2 Where are you **going** ◥?

어디 가세요?

3 When is your **birthday** ◥?

당신 생일은 언제예요?

4 Who is your **favorite member** ◥?

당신이 가장 좋아하는 멤버는 누구예요?

5 Why do you want to go to the **stadium** ◥?

왜 경기장에 가고 싶어요?

6 How is your **boyfriend** ◥?

당신 남자 친구는 어때요?

2

상승조 : 올라가는 억양
(Rise : Low to High)

다음 표현의 억양 변화를 보면 끊어 읽어야 하는 문장의 마지막 단어인 'apartment'에서 음이 급격하게 높아집니다. 이러한 상승조(Rise) 억양은 ① Yes나 No로 대답해야 하는 질문, ② 다시 물어보는 경우에 나타납니다.

MP3-021

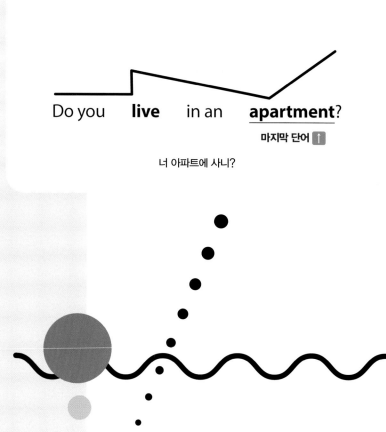

Do you **live** in an **apartment**?

마지막 단어 ⬆

너 아파트에 사니?

❶ Yes나 No로 대답해야 하는 질문

"Who are you?(누구세요?)"처럼, 육하원칙의 의문사를 활용한 질문에는 Yes나 No로 답하지 않습니다. 이 경우에는 마지막 단어의 억양이 하강조가 된다고 배웠죠. 하지만 "Are you a student?(학생이에요?)", "Do you know Tom?(Tom을 아세요?)" 같은 질문에는 Yes나 No로 대답해야 합니다. 질문의 대답을 Yes나 No로 해야 하는 의문문의 경우에 마지막 단어의 억양은 상승조를 보이게 됩니다.

들어 보세요

MP3-022

다음 문장들을 먼저 읽고 원어민의 음성을 들어 보세요.

1 Do they have four **categories** 🔼?

4가지 범주가 있습니까?

2 Do you want to come **here** 🔼?

여기 오고 싶어요?

3 Are you leaving **tomorrow** 🔼?

당신은 내일 떠나나요?

4 Are you leaving **soon** 🔼?

당신 곧 떠나나요?

5 Can you open the **window** 🔼?

창문 좀 열어 줄래요?

6 Can you open the **door** 🔼?

문 좀 열어 줄래요?

② "뭐라고요?", 다시 물어볼 때

육하원칙 질문이나 평서문 문장을 말할 때는 마지막 단어의 억양이 내려가야 합니다. 하지만 이와 반대로, 육하원칙 질문이나 평서문 문장의 억양을 올리면, 내용을 이해하지 못해 다시 물어보는 어투의 '뭐라고 했어요?'의 의미가 됩니다.

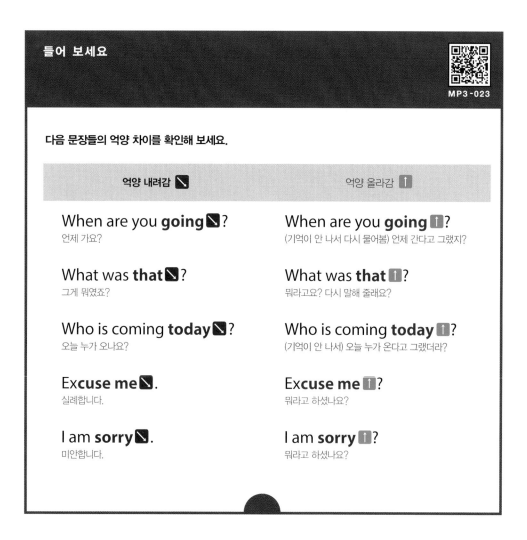

들어 보세요

MP3-023

다음 문장들의 억양 차이를 확인해 보세요.

억양 내려감 ⬊	억양 올라감 ⬆
When are you **going**⬊?	When are you **going** ⬆?
언제 가요?	(기억이 안 나서 다시 물어봄) 언제 간다고 그랬지?
What was **that**⬊?	What was **that** ⬆?
그게 뭐였죠?	뭐라고요? 다시 말해 줄래요?
Who is coming **today**⬊?	Who is coming **today** ⬆?
오늘 누가 오나요?	(기억이 안 나서) 오늘 누가 온다고 그랬더라?
Ex**cuse me**⬊.	Ex**cuse me** ⬆?
실례합니다.	뭐라고 하셨나요?
I am **sorry**⬊.	I am **sorry** ⬆?
미안합니다.	뭐라고 하셨나요?

3

약상승조
: 약간 올라가는 억양
(Low–Rise
: Low to Mid)

다음 표현의 억양 변화를 보면 끊어 읽는 부분의 바로 앞의 단어들인 'going', 'Seoul', 'Boston'에서 마지막 부분의 음이 살짝 높아지게 됩니다. 이러한 약상승조(Low-Rise) 억양은 보통 문장 중간에서 끊어 읽을 때 나타납니다. 아직 말이 끝난 것이 아니고 전달하고자 하는 메시지가 남아 있기 때문에 **'제 이야기가 아직 안 끝났으니 좀 더 들어 주실래요?'** 같은 정중한 어조를 만들기도 합니다.

MP3-024

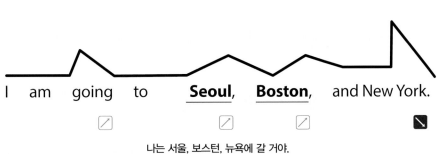

나는 서울, 보스턴, 뉴욕에 갈 거야.

CHAPTER I

약상승조(Low-Rise) 억양이 되는 경우는 다음과 같이 3가지입니다. ① 문장 중간에서 끊어 읽는 부분의 바로 앞 단어일 때, ② 사람의 이름을 부를 때, ③ 인용 문구를 언급할 때입니다.

① 문장 중간에서 끊어 읽는 부분의 바로 앞 단어일 때

들어 보세요

MP3-025

다음 문장들을 먼저 읽고 원어민의 음성을 들어 보세요.

1 When I get to **Seoul** ⬈, I'll call you ⬊.

내가 서울에 가면 전화할게.

2 In a few **minutes** ⬈, class will be over ⬊.

몇 분 후에 수업이 끝난다.

3 **Well** ⬈, I'll think about it ⬊.

흠, 그것에 대해 생각해 볼게요.

4 Would you like **coffee** ⬈ or tea ⬊?

커피와 차 중에서 뭘 마실래?

5 She speaks **Korean** ⬈, **English** ⬈, **French** ⬈, **German** ⬈, and Spanish ⬊.

그녀는 한국어, 영어, 프랑스어, 독일어, 스페인어를 한다.

② 사람의 이름을 부를 때

③ 인용 문구를 언급할 때

들어 보세요

MP3-026

다음 문장들을 먼저 읽고 원어민의 음성을
들어 보세요.

1 **Kevin**, what are you
doing ?

   Kevin, 뭐 하고 있어?

2 **Mr. Park**, you are
next .

   Park 씨, 다음 차례입니다.

3 **Ms. Smith**, how are
you feeling ?

   Smith 씨, 기분은 어떠신가요?

4 **Dr. Lee**, your patient is
ready to meet you .

   Lee 박사님, 환자가 진료 볼 준비가 되었습
   니다.

5 Sir/Ma'am, you are
next .

   선생님/여사님, 다음 차례입니다.

들어 보세요

MP3-027

다음 문장들을 먼저 읽고 원어민의 음성을
들어 보세요.

1 "I like my sister ." Jamie
said.

   "난 네 여동생이 좋아." Jamie가 말했다.

2 "We made it !" Jimmy
shouted.

   "우리가 해냈어!" Jimmy가 소리쳤다.

3 Harry **asks**. "Who is the
winner ?"

   Harry가 묻는다. "누가 이겼어?"

4 "Your name is not on the
list ." Billy **answered**.

   "당신 이름은 목록에 없습니다." Billy가
   대답했다.

5 "Why do we have to do
this ?" The students
grumbled.

   "왜 우리가 이걸 해야 해?" 학생들은
   투덜댔다.

Note ◯ 억양 심화학습

MP3-028

1. Yes/No

Yes/No는 문장 중간에 있더라도 확실하게 억양을 내립니다. 영어에서 긍정과 부정을 표현하는 **Yes**와 **No**는 문장 중간에서 나오고, 쉼표로 이어져 있더라도 약상승조가 아닌 하강조의 억양으로 말해야 합니다.

Yes↘, / I can↘. //　　　　No↘, / I can't↘. //

Yes↘, / it is↘. //　　　　　No↘, / it isn't↘. //

Yes↘, / they are↘. //　　No↘, / they aren't↘. //

2. 대명사

대명사 목적어는 바로 앞의 단어와 붙여 말하기 때문에 바로 앞 단어부터 억양을 바꿔 줍니다. **he, his, him, she, her, it, we, they** 등의 대명사는 핵심어가 아닌 기능어이기 때문에(p.139 〈대명사〉 참고) 약화되어 앞의 단어에 붙어서 하나의 덩어리로 발음됩니다.

How **are you**? Who **is she**? 어떻게 지내? 그녀는 누구야?
　　↗　↘　　　　　↗　↘

He **needs her**. 그는 그녀가 필요해.
　　↗　　↘

I already **told them**. 나는 이미 그들에게 말했어.
　　　　↗　　↘

You should give the **document to us**. 넌 그 서류를 우리에게 줘야 해.
　　　　　↗　　　　　　↘

3. 부가의문문과 일반의문문

부가의문문은 영어 문장 마지막 부분에 앞의 문장이 긍정문이면 부정문의 형태로, 부정문이면 긍정문의 형태로 되묻는 의문문입니다.

"**You can swim well, can't you?**" 문장에서 마지막 부분의 억양이 하강조이면, 부가의문문으로 쓰여 '수영 잘할 수 있죠, 그렇죠?'를 뜻하여 말하는 사람의 의견을 확인하는 질문이 됩니다. 반면, "**You can swim well, can't you?**"의 마지막 부분의 억양이 상승조이면 일반의문문으로 쓰여 "수영 잘할 수 있죠? 할 수 없어요?"의 뜻이 되며 실제 수영을 잘하는지 아닌지 여부를 상대방에게 묻는 질문이 됩니다. 이렇듯 문장 마지막 부분의 억양을 하강조(부가의문문), 또는 상승조(일반의문문)로 조절함으로써 부가의문문과 일반의문문의 의미 차이가 생기게 됩니다.

읽어 보세요

MP3-029

원어민의 음성을 따라 읽어 보세요.

억양 내려감 ↘	억양 올라감 ↑
You don't like coffee ↘, do **you** ↘?	You don't like coffee ↘, do **you** ↑?
(커피 말고 다른 음료를 준비하며) 커피 싫어하죠, 그렇죠?	커피 싫어하죠, 좋아해요? (커피 드릴까요?)
You can't play baseball ↘, can **you** ↘?	You can't play baseball ↘, can **you** ↑?
(부상으로 깁스를 하고 있는 선수에게) 오늘 야구 못 하겠네, 그렇지?	(부상에서 복귀하는 선수에게) 오늘 야구 못 하겠네, 할 수 있겠어?
You don't agree with me ↘, do **you** ↘?	You don't agree with me ↘, do **you** ↑?
(불만스러운 표정이 가득한 상대방에게) 너 내 말에 동의 안 하는구나, 그렇지?	너 내 말에 동의 안 하는구나, 아니면 동의하는 거야?
She is your girl friend ↘, isn't **she** ↘?	She is your girl friend ↘, isn't **she** ↑?
(건너편에 있는 친구의 여자친구를 알아보고) 네 여자친구잖아, 그렇지?	네 여자 친구잖아, 여자 친구 아니니?

📖 TIP

Coffee ↗ **or tea** ↘**?** 와 **Coffee** ↗ **or tea** ↑**?** 의 차이

둘 중에 하나를 선택할 때 억양을 듣고 미묘한 의미의 차이를 알 수 있습니다. 만약 쟁반에 커피와 차 2개의 선택지가 있고 둘 중 하나를 선택하는 것이라면, coffee ↗ or tea ↘(올라갔다 내려감)처럼 말을 합니다. 하지만 커피, 차 외에 다른 선택지들이 많이 있다면 coffee ↗ or tea ↑(올라갔다 더 올라감)처럼 말할 수 있습니다.

다음 대화에서 끊어 읽는 부분과 억양을 체크해 보세요.

Waiter   Good evening, ladies and gentlemen. Are you all ready to order?

Lady   Probably not. We still need a little more time to order our meals.

Waiter   Okay, ma'am. Would you like to order some drinks first before you order your main meals?

Lady   Yes, we would like to order 5 glasses of wine and 3 glasses of orange juice. Thank you.

Waiter   Okay, 5 wines and 3 orange juices. I'll be right with you with the drinks.

Lady   Thank you.

(5 minutes later)

Waiter   Okay, here are 5 wines and 3 juices. Have you decided what you want?

Lady   Yes. We would like to have 2 country style steaks, 3 bowls of salad, and eggs on the side.

Waiter	How would you like the steak? Rare, medium, or well-done?
Lady	Well-done.
Waiter	I am sorry? I didn't get that.
Lady	I said well-done.
Waiter	How about your eggs?
Lady	What kind do you have?
Waiter	We have sunny side up, over easy, over medium, over hard, scrambled and hard-boiled eggs.
Lady	We will have over hard eggs, please.
Waiter	It sounds like you want all your meals fully cooked, don't you?
Lady	Yes, we do. Please, don't make our meals burnt by the way.
Waiter	Okay, ma'am. We won't.

원어민의 음성을 들으며 끊어 읽어야 하는 부분을 생각하면서 따라 읽어 보세요.

Waiter Good evening↗, / ladies and gentlemen↗. // Are you all ready to order⬆? //

Lady Probably not↘. // We still need↗ / a little more time↗ / to order our meals↘. //

Waiter Okay, ma'am↗. // Would you like↗ / to order some drinks first↗ / before you order your main meals? ⬆? //

Lady Yes↘, / we would like to order↗ / 5 glasses of wine↗ / and 3 glasses of orange juice↘. //
Thank you↘. //

Waiter Okay↗, / 5 wines↗ / and 3 orange juices↘. // I'll be right with you↗ / with the drinks↘. //

Lady Thank you↘. //

(5 minutes later)

Waiter Okay↗, / here are 5 wines↗ / and 3 juices↘. // Have you decided↗ / what you want⬆? //

Lady Yes↘. // We would like to have↗ / 2 country style steaks↗, / 3 bowls of salad↗, / and eggs on the side↘. //

Waiter How would you like the steak⬈? // Rare⬊, / medium⬊, / or well-done⬈? //

Lady Well-done⬈. //

Waiter I am sorry⬆? // I didn't get that⬈. //

Lady I said⬊ / well-done⬈. //

Waiter How about your eggs⬈? //

Lady What kind do you have⬈? //

Waiter We have sunny side up⬊, / over easy⬊, / over medium⬊, / over hard⬊, / scrambled⬊ / and hard-boiled eggs⬈. //

Lady We will have⬊ / over hard eggs, please⬈. //

Waiter It sounds like⬊ / you want all your meals fully cooked⬈, / don't you⬈? //

Lady Yes⬈, / we do⬈. // Please⬊, / don't make our meals burnt⬊ / by the way⬈. //

Waiter Okay, ma'am⬊. // We won't⬈. //

한국인들의
고질적인 문제점,
'으'와 '이'
제거하기

다음 대화에서 한국인 샘플 낭독 음성을 듣고 원어민의 피드백을 확인해 보세요.

Josh	Hi, Steve!
Steve	Hey, Josh! This is my friend from Jamaica.
Josh	Hi! Nice to meet you, I am Josh!
Mia	Nice to meet you, Josh. My name is Mia!
Josh	I heard a lot happened to you guys yesterday. What happened?
Steve	Mia is going to tell you all about that!
Mia	Well, yesterday, we went to the church across the north bridge. When we arrived at the church, there was a garage sale going on at the church. We met a lot of Steve's students who were learning English language from him. Before we went to the squash court and learned how to play squash, we went to the beach to catch some fish for lunch. When we met our coach, we talked with him about playing a game together. Our squash coach was great, but the judge was not. His judgement didn't seem to be fair. But it was fun overall.
Josh	Wow, it seems like you guys had a great time yesterday. Mia, I can help you learn how to play squash. I used to be a squash trainer when I was in college.
Mia	That sounds great, Josh. Thanks.

Josh	안녕, Steve!
Steve	안녕, Josh. 여긴 자메이카에서 온 내 친구야.
Josh	안녕! 만나서 반가워, 난 Josh라고 해.
Mia	만나서 반가워, Josh. 내 이름은 Mia라고 해.
Josh	어제 일이 많았다고 들었어. 무슨 일이 있었어?
Steve	Mia가 전부 얘기해 줄 거야!
Mia	음, 어제 우리 북쪽 다리 건너편에 있는 교회에 갔어. 우리가 교회에 도착했을 때 차고에서 중고품을 판매하고 있었어. Steve에게 영어를 배우고 있는 학생들을 많이 만났어. 스쿼시 코트에 가서 스쿼시를 배우기 전에 바닷가에서 물고기를 잡아 점심을 먹었어. 우리를 가르치는 코치를 만났을 때, 게임 한판 뛰자고 얘기했지. 우리 스쿼시 코치는 훌륭했지만, 심판은 그렇지 않았어. 심판의 판정이 공정하지 않은 것 같았어. 그래도 전체적으로 재미있었어.
Josh	와, 너희 어제 정말 재미있는 시간 보낸 것 같다. Mia, 네가 스쿼시 배우는 거 도와줄게. 대학교 다닐 때 스쿼시 트레이너였거든.
Mia	그거 괜찮다, Josh. 고마워.

원어민 피드백

I can't understand a single word.
The meanings do not convey
to me, and to be honest,
it doesn't sound like English.

무슨 말을 하는지 전혀 모르겠어요.
의미가 이해가 안 되고
사실 영어를 말하는 것 같지도 않아요.

'으, 어'가 삽입되면?

영어 단어 'strike'를 우리는 '스트라이크'라고 하고 'scratched'는 '스크래치트'라고 합니다. 우리나라 사람들이 영어를 할 때 큰 특징 중 하나가 영어 자음 뒤에 '으'나 '이' 같은 모음을 추가해서 발음하는 것입니다.

strike[straɪk]와 scratched[skrætʃt]는 모두 단어라는 집의 뼈대, 즉 기둥이 되는 모음이 한 개뿐인 단어들입니다. 하지만 이러한 단어들을 [스트라이크], [스크래치트]라고 발음하면 이 단어들 모두 모음이 5개가 되어 버리죠. 즉, 우리는 기둥이 한 개인 집을 기둥이 다섯 개인 집으로 표현하고 있는 것입니다.

원어민 입장에서는 기둥이 하나였던 집이 기둥이 다섯 개나 되는 집으로 되어 버렸으니, 아예 다른 집으로 생각해서 알아듣지 못하게 되는 것이죠. 우리도 모르게 한국어식으로 영어를 말하면 '으'나 '이' 소리가 삽입되는 단어들을 알아볼까요?

MP3-032

으

soup	tube	pet	board	kiss
수프	튜브	페트	보드	키스
[súːp]	[túːb]	[pét]	[bɔ́ːrd]	[kís]

is	cats	live	breath	life
이즈	캣츠	리브	브레쓰	라이프
[íz]	[kǽts]	[lív]	[bréθ]	[láɪf]

이

squash	massage	match	page
스쿼시	마사지	매치	페이지
[skwɔ́ːʃ]	[məsάːʒ]	[mǽtʃ]	[péɪdʒ]

'으, 어' 빼고 발음하기

어떻게 '으'나 '이' 같은 소리를 없앨 수 있을까요? 어디에 '으'나 '이'가 들어가는지를 알면 찾아서 뺄 수 있습니다. 어떤 상황에서 우리도 모르게 이러한 모음이 삽입되는지를 알아보고, '으'와 '이' 소리를 빼고 원어민처럼 발음하는 연습을 함께해 볼까요?

1

s + p, t, k 발음

spy, steam, sky 같은 단어에 있는 sp, st, sk 부분을 하나의 소리처럼 빠르게 읽어 'ㅅ빠이', 'ㅅ띰', 'ㅅ까이'처럼 발음하면 '으'가 빠진 영어 발음이 됩니다.

듣고 따라 해 보세요

MP3-033

다음 단어들의 원어민 음성을 듣고 따라 읽어 보세요.

단어		
한국식 발음 (x)		영어 발음 (o)
	speak	
스픽	→	ㅅ**삐**이ㅋ [spíːk]
	steak	
스테이크	→	ㅅ**떼**이ㅋ [stéɪk]
	skate	
스케이트	→	ㅅ**께**이트 [skéɪt]
	spy	
스파이	→	ㅅ**빠**이 [spáɪ]
	steam	
스팀	→	ㅅ**띠**이임 [stíːm]
	sky	
스카이	→	ㅅ**까**이 [skáɪ]

2

자음 + [r] 발음

영어는 자음 뒤에 r이 있을 때 앞의 자음과 r이 동시에 하나처럼 발음이 되어야 합니다. 그래서 다음 단어들을 발음할 때는 [r]을 발음할 때처럼 입술을 동그랗게 오므리고 혀끝을 앞쪽 입천장 쪽으로 올려놓고 앞의 소리와 [r]을 하나의 소리처럼 이어서 발음해야 자연스러운 발음이 됩니다.

MP3-034

다음 단어들의 원어민 음성을 듣고 따라 읽어 보세요.

단어	
한국식 발음 (x)	영어 발음 (o)
prune	
프룬 ⟶	푸**루**운 [prúːn]
brown	
브라운 ⟶	부**롸**운 [bráʊn]
trick	
트릭 ⟶	츄**륔**ㅋ [trík]
dream	
드림 ⟶	쥬**뤼**임 [dríːm]
cry	
크라이 ⟶	쿠**롸**이 [kráɪ]

CHAPTER I

3

자음 + [l] 발음

영어에서는 자음 뒤에 [l]이 있을 때 앞의 자음과 [l]이 동시에 하나처럼 발음되어야 합니다. 그래서 다음 단어들을 발음할 때는 영어에 [l]을 발음할 때처럼 혀끝을 윗잇몸에 붙인 상태에서 앞의 소리와 [l]을 하나의 소리처럼 이어서 발음해야 자연스러운 발음이 됩니다.

단어		
한국식 발음 (x)		영어 발음 (o)
	plan	
플랜	→	플**래**안 [plǽn]
	block	
블록	→	블**라**ㅋ [blɑ́:k]
	clean	
클린	→	클**리**인 [klíːn]
	glass	
글라스	→	글**래**ㅅ [glǽs]
	sleep	
슬립	→	슬**리**ㅍ [slíːp]

4

ㅁ(m), ㄴ(n), ㅇ(ng), ㄹ(l or r)을 제외한 자음으로 끝났을 때

참 다행스럽게도 '맘', '눈', '미팅', '밀'처럼 ㅁ, ㄴ, ㅇ, ㄹ로 끝났을 때는 우리말에서도 아무런 모음이 들어가지 않습니다 하지만 단어의 마지막이 ㅁ, ㄴ, ㅇ, ㄹ로 끝나지 않는 경우에는 우리말에서도 '으'나 '이'가 들어가게 되죠.

들고 따라 해 보세요

MP3-036

다음 단어들의 원어민 음성을 듣고 따라 읽어 보세요.

으	이
Miss [mís]	dish [díʃ]
jazz [dʒǽz]	garage [gərάːʒ; gərάːdʒ]
cats [kǽts]	coach [kóʊtʃ]
kids [kídz]	message [mésɪdʒ]
chief [tʃíːf]	
love [lʌ́v]	
bath [bǽθ]	

5

단어의 마지막이 -p,-b,-t,-d,-k,-g로 끝나는 경우

cup, cub, pot, pod, luck, lug처럼 단어의 마지막이 [p], [b], [t], [d], [k], [g]로 끝나는 경우 한국인들은 2가지 방법으로 발음하곤 합니다. 예를 들면 soup, tube 같은 단어들을 '수프', '튜브'처럼 '으' 소리를 집어넣거나 '숲', '툽'처럼 우리말의 받침 자음처럼 소리를 끊어서 발음하는 것이죠. 그러나 두 가지 방법 모두 혼동을 줄 수 있기 때문에 원어민이 발음하는 방식으로 바꿔야 합니다. 먼저 영어 자음의 유성음과 무성음에 대해 배워 볼까요?

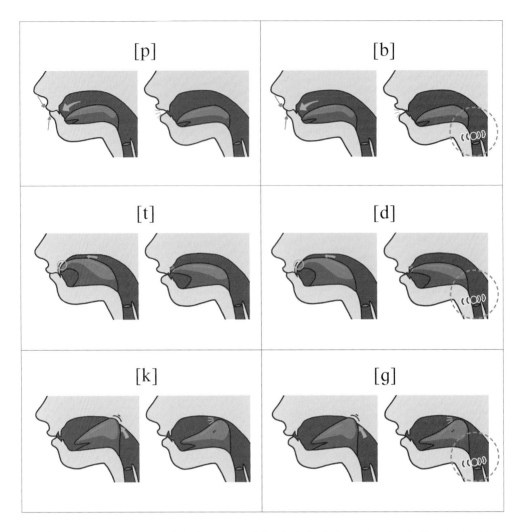

표 왼쪽의 [p], [t], [k]처럼 발음할 때 성대가 울리지 않는 발음들을 '무성음'이라 하고, 오른쪽에 [b], [d], [g]처럼 성대가 울리는 소리를 '유성음'이라고 합니다.

영어 발음 중에서도 [p]와 [b], [t]와 [d], [k]와 [g] 같은 소리는 두 소리의 혀 위치와 발음법이 완전히 동일하지만, 성대의 울림이 있는지에 따라서 다른 소리로 구분되는 소리들입니다. 우리말도 이와 마찬가지로 [ㅍ]와 [ㅂ], [ㅌ]와 [ㄷ], [ㅋ]와 [ㄱ] 같은 소리들은 발음 방식이 동일하지만 성대의 울림에 차이가 있는 비슷한 소리들이지요. 하지만 영어의 [p]와 [b], [t]와 [d], [k]와 [g], 한국어의 [ㅍ]와 [ㅂ], [ㅌ]와 [ㄷ], [ㅋ]와 [ㄱ] 소리들이 단어의 마지막에 있을 때는 발음이 달라집니다.

영어의 cup과 cub, pot과 pod, luck과 lug은 각 단어 마지막에 있는 자음이 정확하게 터트리듯이 발음됩니다. 하지만 우리말의 경우 '귶'과 '컵', '팥'과 '팓', '럭'과 '럭'은 발음에 차이가 없습니다. 또 영어는 cub, pod, lug처럼 마지막이 유성 자음으로 끝나는 단어들은 cup, pot, luck처럼 마지막이 무성 자음으로 끝나는 단어들보다 바로 앞의 모음 길이가 길어지지만, 우리말은 마지막에 어떠한 자음이 있든 같은 길이로 발음됩니다. 이런 차이점을 알고 모음의 길이를 조절하면서 단어의 마지막의 자음들을 영어식으로 터트리듯이 발음하면 '으'와 '이'가 빠진 영어식 발음이 됩니다.

원어민 발음과 한국식 발음 비교

MP3-037

단어	
우리말 (두 단어의 발음에 차이가 없음)	**영어** (두 단어의 길이와 마지막 자음에 차이가 있음)
귶 ↔	cup [kʌ́p] ↔
컵 ↔	cub [kʌ́b] ↔
팥 ↔	pot [pɑ́ːt] ↔
팓 ↔	pod [pɑ́ːd] ↔
럭 ↔	luck [lʌ́k] ↔
럭 ↔	lug [lʌ́g] ↔

6

단어의 마지막에 '이' 소리가 들어가는 경우

-sh [ʃ]	-age [ʒ]	-ch [tʃ]	-ge [dʒ]
fish	massage	beach	image

[ʃ], [ʒ], [tʃ], [dʒ] 같은 자음으로 끝나는 단어들을 우리말로 읽으면 마지막에 '이' 소리가 삽입됩니다. 이런 단어들은 [ʃ], [ʒ], [tʃ], [dʒ] 발음을 배워서, 단어 마지막을 [ʃ], [ʒ], [tʃ], [dʒ]로 발음해야 마지막에 들어가는 '이' 소리를 없앨 수 있습니다.

Note [ʃ], [ʒ], [tʃ], [dʒ] 발음법

MP3-038

1. 단어 마지막에 위치한 [ʃ], [ʒ] 발음법

❶ [ʃ] 단어가 **-sh**로 끝나는 경우

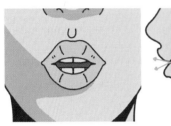

fish, wish, finish, English

입술을 오므리고 우리말 '쉬'를
성대를 울리지 않고 속삭이듯이 길게
발음합니다.

❷ [ʒ] 단어가 **-age**로 끝나거나 일부 **-ge**로 끝나는 경우

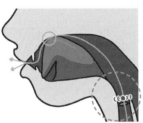

**massage, garage,
mirage, beige**

[ʃ]와 발음이 동일하지만 바로
앞 모음을 조금 더 길게 끌어주고
발음합니다.

2. 단어의 마지막에 위치한 [tʃ], [dʒ] 발음법

❶ [tʃ] 단어가 **-ch**로 끝나는 경우

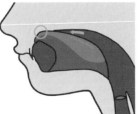

**teach, beach, catch,
switch**

혀가 앞쪽 윗잇몸에 닿을 수 있도록
혀를 꾹 누릅니다.

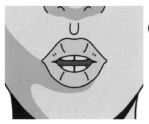 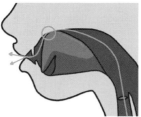

그 상태에서 입술을 오므리며
우리말 '취'를 성대를 울리지 않고
속삭이듯이 짧게 끊어서 발음합니다.

❷ [dʒ] 단어가 -ge로 끝나는 대부분의 경우

 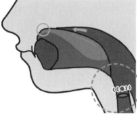

page, image, message, large

혀기 앞쪽 윗잇몸에 닿을 수 있도록
혀를 꾹 누릅니다.

 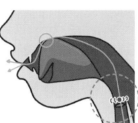

[tʃ]와 발음이 동일하지만 바로
앞 모음을 조금 더 길게 끌어주고
발음합니다.

Note | 동사의 과거시제 -ed의 발음법

talked는 [tɔ:kt]로 발음해야 해요

영어 동사의 90% 이상은 과거를 말할 때 마지막에 '-ed'를 추가해서 과거시제를 표현합니다. 이런 규칙동사의 과거시제를 만드는 '-ed'는 사실 바로 앞에 위치한 소리에 따라 발음이 달라집니다.

1. -ed 바로 앞의 소리가 목이 울리지 않는
   무성음 [p], [k], [f], [s], [ʃ], [tʃ]일 경우

   단어의 마지막 소리를 같은 무성음인 [t]로 발음합니다.

2. -ed 바로 앞의 소리가 목이 울리는 유성음[모음],
   [b], [g], [v], [z], [ð], [ʒ], [dʒ], [m], [n], [ŋ], [l], [r]일 경우

   마지막 소리를 같은 유성음인 [d]로 발음합니다.

3. -ed 바로 앞의 소리가 [t], [d]일 경우

   마지막 소리를 [ɪd]로 발음합니다.

동사 -ed의 발음 종류

-ed 바로 앞이 무성음	발음 기호	-ed 바로 앞이 유성음	발음 기호	-ed 바로 앞이 t 또는 d	발음 기호
stopped	[-pt]	played	[-eɪd]	wanted	[-tɪd]
talked	[-kt]	robbed	[-bd]	wounded	[-dɪd]
kissed	[-st]	logged	[-gd]		
laughed	[-ft]	lived	[-vd]		
finished	[-ʃt]	realized	[-zd]		
reached	[-tʃt]	massaged	[-ʒd]		
		changed	[-dʒd]		
		teamed	[-md]		
		returned	[-nd]		
		prolonged	[-ŋd]		
		called	[-ld]		
		desired	[-rd]		

원어민의 음성을 듣고 다음 단어들을 '으'와 '이'가 들어가지 않도록 신경 써서 따라 읽어 보세요.

듣고 따라 해 보세요

MP3-040

'으' 넣지 마세요

Steve	yesterday	students
this	went	talked
is	across	with
friend	north	was
from	arrived	seems
nice	Steve's	play
happened	court	used
guys	learned	school

'이' 넣지 마세요

Josh	English	lunch
church	language	squash
bridge	garage	coach
reach	beach	judge
wish	catch	
teach	fish	

다음 대화를 끊어 읽기와 억양에 신경 쓰면서 자연스럽게 읽어 보세요.

Josh   Hi, <u>St</u>eve!

Steve   Hey, Jo<u>sh</u>! Th<u>is</u> <u>is</u> my <u>fr</u>iend <u>fr</u>om Jamaica.

Josh   Hi! Ni<u>ce</u> to meet you, I am Jo<u>sh</u>!

Mia   Ni<u>ce</u> to meet you, Jo<u>sh</u>. My name <u>is</u> Mia!

Josh   I heard a lot happen<u>ed</u> to you gu<u>ys</u> yes<u>t</u>erday. What happen<u>ed</u>?

Steve   Mia <u>is</u> going to tell you all about that!

Mia   Well, ye<u>st</u>erday, we we<u>nt</u> to the chur<u>ch</u> acro<u>ss</u> the nor<u>th</u> bri<u>dge</u>.
When we arriv<u>ed</u> at the chur<u>ch</u>, there was a gar<u>age</u> sale going on at the chur<u>ch</u>. We met a lot <u>of</u> <u>St</u>eve's <u>st</u>uden<u>ts</u> who were learning Engli<u>sh</u> langu<u>age</u> <u>fr</u>om him.
Before we we<u>nt</u> to the <u>squash</u> court and learn<u>ed</u> how to <u>pl</u>ay <u>squ</u>ash, we we<u>nt</u> to the bea<u>ch</u> to ca<u>tch</u> some fish for lun<u>ch</u>. When we met our coa<u>ch</u>, we talk<u>ed</u> wi<u>th</u>

him about p<u>l</u>aying a game together. Our <u>squash</u> coa<u>ch</u> was <u>gr</u>eat, but the ju<u>dg</u>e wa<u>s</u> not. Hi<u>s</u> ju<u>dg</u>ement did<u>n't</u> seem to be fair. But it wa<u>s</u> fun overall.

Josh   Wow, it seem<u>s</u> <u>like</u> you guy<u>s</u> had a <u>gr</u>eat time ye<u>st</u>erday. Mia, I can he<u>lp</u> you learn how to p<u>l</u>ay <u>squash</u>. I u<u>sed</u> to be a <u>squash</u> t<u>r</u>ainer when I wa<u>s</u> in colle<u>ge</u>.

Mia   That sou<u>nds</u> great, Jo<u>sh</u>. Than<u>ks</u>.

CHAPTER

11

영어의

올록볼록한

리듬감 이해하기

강세

다음 대화의 한국인 샘플 낭독 음성을 듣고 원어민의 피드백을 확인해 보세요.

Peter   The sales increase rate of our products has dramatically climbed this year.
         On the contrast, the refund rates have decreased after we fixed the defect on the console.

Mia   Currently, our company has produced more than 10 different kinds of top-selling objects. The progress of such growth is unbelievable.

Peter   Perfect! One survey has presented that our company could be the first to reach a billion-dollar sales record this year.
         They surveyed about 1,000 real customers, so it is a trusty data.

Mia   That sounds great. By the way, do you remember our company's new address?
         I conversed with my supervisor about it in the morning, but I don't recall it. I am inclined to ask him again, but I am afraid that he would ignore me.

Peter   Sure. But I heard only those who don't have an access permit can get rejected.

Mia   I guess I am not permitted to access the entrance of the new building yet.
         I'd better go after I get the permit.

Peter	올해 우리 제품의 판매 증가율이 극적으로 상승했습니다. 반대로 조정부의 결함을 고친 후에는 환불 비율이 감소했어요.
Mia	현재 우리 회사는 10종류 이상의 베스트셀러를 생산하고 있습니다. 이런 성장은 믿을 수가 없을 정도예요.
Peter	아주 좋습니다! 한 설문조사에 따르면 우리 회사가 올해 처음으로 10억 달러 매출 기록을 달성할 수 있을 거라고 합니다. 약 1,000명의 실제 고객을 조사했으니 신뢰할 수 있는 데이터예요.
Mia	그거 멋지네요. 그건 그렇고 우리 회사 새 주소지 기억해요? 아침에 상사와 이야기했는데 기억이 안 나네요. 상사에게 다시 물어보고 싶지만, 저를 무시할까 봐 겁이 나서요.
Peter	(주소) 기억하죠. 하지만 출입증이 없는 사람은 출입이 거절될 수 있다고 들었어요.
Mia	저는 아직 새 건물에 출입하는 걸 허가받지 않은 것 같아요. 허가를 받고 가는 게 좋겠어요.

원어민 피드백

The pattern is a little dull, so it is hard to tell which part the speaker is emphasizing. Some of the words were difficult to understand.

패턴이 단조로워서 화자가 어느 부분에 포인트를 주고 있는지 잘 모르겠어요. 일부 단어들은 알아듣기 어려웠어요.

CHAPTER II

영어 강세란?

우리말은 단어를 읽을 때 특별히 힘을 더 주거나 덜 주는 부분 없이 일정한 박자로 또박또박 말하는 언어입니다. 하지만 영어는 우리말과 달리, 한 단어에 모음이 2개 이상이면 강세가 있는 부분이 있습니다. 그에 따라 **강세가 있는 부분의 모음은 더 '크고 길게', 강세가 없는 부분의 모음은 더 '작고 짧게'** 읽어서 올록볼록한 리듬감이 생기게 됩니다.

원어민 발음과 한국식 발음 비교

MP3-044

	한국어 (강약 장단의 차이가 없음)	영어 (강약 장단의 차이가 큼)
model	모델	**마**럴 [mάːdl]
tomato	토마토	트**메이**로우 [təméɪtoʊ]
engineer	엔지니어	엔쥐**니어**r [endʒɪnír]

강세 위치 파악하기

1

1음절 단어
(one-syllable words)

모음이 1개인 1음절 단어에서는 단어의 유일한 모음이 강세를 받아서 스스로 커지고 길어집니다.

1음절 단어의 강세

MP3-045

job	hit	meat
[dʒá:b]	[hít]	[mí:t]
rain	bowl	mine
[réɪn]	[bóʊl]	[máin]

주의 ✅ [eɪ], [oʊ], [aɪ], [aʊ], [ɔɪ] 같은 영어의 이중모음은 모음 발음기호가 2개이지만 하나의 소리 덩어리로 보아 1음절로 간주합니다.

CHAPTER II

2

2음절 단어
(two-syllable words)

모음이 2개인 2음절 단어부터는 단어의 품사가 강세에 아주 중요한 역할을 합니다. **2음절 단어 중 약 90% 이상이 명사일 때는 강세가 앞에 있고, 동사일 때는 강세가 뒤에 있습니다.**

2음절 단어의 강세 비교: 명사 vs. 동사

MP3-046

명사		
doctor	teacher	window
[dá:ktə(r)]	[tí:tʃər]	[wíndoʊ]
basket	condo	
[bǽskɪt]	[ká:ndoʊ]	

동사		
believe	improve	produce
[bɪlíːv]	[ɪmprúːv]	[prədúːs]
expect	begin	
[ɪkspékt]	[bɪgín]	

1) 명사와 동사로 둘 다 쓰이는 단어

명사는 강세를 앞에, 동사는 강세를 뒤에 줘서 구분합니다. 이렇게 명사와 동사로 둘 다 쓰이는 단어에는 두 종류가 있습니다. 명사일 때와 동사일 때의 의미가 완전히 달라지는 단어가 있는 반면, 품사에 상관없이 그 의미가 크게 달라지지 않는 단어가 있습니다.

MP3-047

	명사	동사
increase	증가 [ínkriːs]	증가하다 [ɪnkríːs]
record	기록 [rékərd]	녹음/기록하다 [rɪkɔ́ːrd]
progress	진보 [prɑ́ːgres]	진보하다 [prəgrés]

1 강세 위치에 따라서 단어의 의미가 '완전히' 달라지는 경우

들어 보세요

MP3-048

명사일 때와 동사일 때를 구분해서 원어민 음성을 들어 보세요.

명사	동사	명사	동사	명사	동사	기타	기타
address 주소	**address** 연설하다	**desert** 사막	**desert** 버리다, 포기하다	**present** 현재, 선물	**present** 보여주다	**invalid** 아픈	**invalid** 무효의
console 제어판	**console** 위로하다	**digest** 요약	**digest** 소화하다	**refuse** 쓰레기	**refuse** 거절하다	**August** 8월	**august** 위엄 있는
contract 계약	**contract** 압축하다	**produce** 농산물	**produce** 생산하다	**subject** 주제	**subject** 종속하다		
converse 정반대	**converse** 대화하다	**object** 물체	**object** 반대하다	**defect** 결함	**defect** (국가를) 버리다		

cf. **personal office** (개인 사무실) vs. **personnel office** (인사과)
    trusty (믿을 수 있는) vs. **trustee** (수탁인)

옆 페이지 아래 표는 강세 위치에 따라서 명사일 때와 동사일 때 의미가 완전히 달라지는 단어들입니다.

② 명사/동사의 의미가 크게 달라지지 않는 경우

강세 위치는 다르지만, 명사일 때와 동사일 때 단어의 의미가 크게 달라지지 않는 단어들입니다.

들어 보세요

MP3-049

명사일 때와 동사일 때를 구분해서 원어민 음성을 들어 보세요.

명사	동사	명사	동사	명사	동사	명사	동사
addict 중독자	**addict** 중독되다	**increase** 증가	**increase** 증가하다	**progress** 진행, 진척	**progress** 전진하다	**relay** 릴레이 경주	**relay** (받아서) 전달하다
conduct 행동	**conduct** 행동하다	**decrease** 감소	**decrease** 감소하다	**protest** 항의	**protest** 항의하다	**survey** 조사	**survey** 조사하다
conflict 충돌	**conflict** 충돌하다	**insult** 모욕	**insult** 모욕하다	**project** 계획, 프로젝트	**project** 계획하다	**suspect** 용의자	**suspect** 의심하다
contrast 대조	**contrast** 대조하다	**permit** 허가증	**permit** 허가하다	**rebel** 저항 세력	**rebel** 저항하다	**perfect** (형) 완벽한	**perfect** 완벽하게 하다
convict 기결수, 죄수	**convict** 유죄 선고하다	**refund** 환불	**refund** 환불하다	**record** 기록	**record** 기록하다		
		preview 시사회, 예고편	**preview** 시사평을 쓰다	**reject** 불량품, 거부당한 사람	**reject** 거부하다		

CHAPTER II

2) 형용사

MP3-050

명사를 꾸미는 형용사의 경우, 2음절 단어의 약 70%는 강세가 앞에 있습니다.

extra	**hungry**
[ékstrə]	[hʌ́ŋgri]
eager	**happy**
[íːgər]	[hǽpi]
recent	**current**
[ríːsnt]	[kɜ́ːrənt]

3) 부사

MP3-051

1 형용사 + -ly

강세의 위치가 원래의 형용사와 동일합니다.

usual	**usually**
[júːʒuəl]	[júːʒuəli]
actual	**actually**
[ǽktʃuəl]	[ǽktʃuəli]

MP3-052

2 빈도부사

어떤 일이 얼마나 자주 일어나는지 나타내는 빈도부사는 강세가 앞에 있습니다.

always	**often**
[ɔ́ːlweɪz]	[ɔ́ːfn]
sometimes	**seldom**
[sʌ́mtaɪmz]	[séldəm]
ever	**never**
[évər]	[névər]

③ 이외의 2음절 부사 및 접속부사

MP3-053

형용사+-ly 부사, 빈도부사를 제외한 2음절 부사와 접속부사는 동사와 비슷한 특징이 있어서 약 70% 단어들의 강세가 뒤에 있습니다.

again
[əgén]

already
[ɔːlrédi]

today
[tədéɪ]

indeed
[ɪndíːd]

because
[bɪkɔ́ːz]

although
[ɔːlðóʊ]

before
[bɪfɔ́ːr]

enough
[ɪnʌ́f]

앞서 설명한 영어 강세를 다시 한번 정리하면, 영어에서는 단어의 특정 음절에 강세를 주어서 강세가 없는 음절과 강약, 장단에 차이를 주어 발음합니다. **강세가 있는 부분의 소리는 더 크고 길게, 강세가 없는 부분의 소리는 더 작고 짧게 발음하는 것입니다.** 품사가 명사, 동사, 형용사, 부사인 대부분의 2음절 단어들은 강세가 어디 있는지 유추할 수 있으니 지금까지 설명한 강세 규칙을 적용해서 단어 읽기 연습을 하도록 합니다.

CHAPTER II

Note 명사로도 동사로도 쓰이지만 강세가 동일한 단어들

다음 단어들은 예외적으로 명사로도 동사로도 쓰이지만 강세가 동일하게 앞쪽에 있거나 뒤쪽에 있는 단어들입니다.

강세가 뒤에 오는 경우(stress falling on the second syllable)

듣고 따라 해 보세요

MP3-054

원어민의 음성을 듣고 강세에 신경 쓰면서 따라 읽어 보세요.

abuse 남용/오용[하다]	**alarm** 놀람, 놀라게 하다	**attempt** 시도[하다]	**award** 상; 수여하다	**campaign** 캠페인[을 벌이다]
command 명령[하다]	**control** 지배/통제[하다]	**debate** 토의[하다]	**delay** 지연[시키다]	**demand** 요구[하다]
design 디자인[하다]	**desire** 욕구, 갈망; 원하다, 바라다	**dispute** 논쟁[하다], 언쟁[하다]	**effect** 영향, 효과; 결과로서 ~을 가져오다	**exchange** 교환[하다]
excuse 변명, 구실; 변명하다, 용서하다	**express** 급행 (열차); 표현하다	**release** 석방, 발표; 풀어주다, 공개하다	**remark** 발언[하다], 언급[하다]	**report** 보도, 기록; 알리다, 보도하다
request 요청[하다]	**respect** 존경[하다]	**result** 결과; 결과로서 발생하다	**review** 평론, 재검토; 재검토하다	**support** 지지[하다], 옹호[하다]
surprise 놀람; 놀라게 하다				

강세가 앞에 오는 경우(stress falling on the first syllable)

듣고 따라 해 보세요

MP3-055

원어민의 음성을 듣고 강세에 신경 쓰면서 따라 읽어 보세요.

accent 악센트; 강하게 발음하다	**access** 입장, 접근; (정보를) 입출력하다, 접근하다	**comfort** 편안, 위로; 위로하다	**comment** 논평[하다]	**contact** 연락[하다]
copy 복사[하다]	**figure** 수치; 중요하다	**honor** 명예; 존경하다	**influence** 영향; 영향력을 주다	**interest** 관심, 흥미; 관심을 끌다/보이다
market 시장; 시장에서 거래하다	**measure** 측정[하다]	**notice** 주의[하다], 주목[하다]	**offer** 제안[하다]	**practice** 실행, 연습; 연습하다, 실천하다
promise 약속[하다]	**purchase** 구매[하다]	**rescue** 구조[하다]	**retail** 소매[하다]	**sample** 견본, 샘플; 견본을 뽑다
service 서비스; 서비스를 제공하다	**study** 공부[하다]	**total** 합계; 합계가 ~이 되다	**welcome** 환영[하다]	

다음 대화의 원어민 음성을 들으면서 단어들의 강세를 체크해 보세요.

Peter The sales increase rate of our products has dramatically climbed this year.
On the contrast, the refund rates have decreased after we fixed the defect on the console.

Mia Currently, our company has produced more than 10 different kinds of top-selling objects. The progress of such growth is unbelievable.

Peter Perfect! One survey has presented that our company could be the first to reach a billion-dollar sales record this year. They surveyed about 1,000 real customers, so it is a trusty data.

Mia That sounds great. By the way, do you remember our company's new address?
I conversed with my supervisor about it in the morning, but I don't recall it. I am inclined to ask him again, but I am afraid that he would ignore me.

Peter   Sure. But I heard only those who don't have an access permit can get rejected.

Mia   I guess I am not permitted to access the entrance of the new building yet.
I'd better go after I get the permit.

발음 분석

Peter The sales **increase** rate of our **products** has
dramatically climbed this year.
On the **contrast**, the **refund** rates have **decreased**
after we fixed the **defect** on the **console**.

Mia **Currently**, our **company** has **produced** more than 10
different kinds of top-selling **objects**. The **progress** of
such growth is **unbelievable**.

Peter **Perfect**! One **survey** has **presented** that our **company**
could be the first to reach a **billion-dollar** sales **record**
this year. They **surveyed about** 1,000 real **customers**,
so it is a **trusty data**.

Mia That sounds great. By the way, do you remember our
company's new **address**?
I **conversed** with my **supervisor** about it in the
morning, but I don't **recall** it. I am **inclined** to ask him
again, but I am **afraid** that he would **ignore** me.

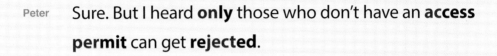

Peter   Sure. But I heard **only** those who don't have an **access**
permit can get **rejected**.

Mia   I guess I am not **permitted** to **access** the **entrance** of
the new **building** yet.
I'd **better** go after I get the **permit**.

**이중모음
리듬 훈련**

다음 대화의 한국인 샘플 낭독 음성을 듣고 원어민의 피드백을 확인해 보세요.

Tyler Jones, a famous gate maker, makes only great gates.
His highly acclaimed wife, Kate, had taken a newly baked
cake to Tyler as he was making great gates. Tyler said to
his son Mike, "We will take a break, so get two plates and
we'll taste this great cake and cocoa with Kate."
After making all great gates, they went to a gourmet restaurant
named Jake's Steak House which is eight miles away from
their house. They enjoyed having buffet style steak lunch meals
with café latte and café au lait for drinks. The taste of the steaks
was great, but the service from the waiter and the waitress were
terrible. So, they paid eighty dollars for their meals and eight cents
for their waiter's and waitress' tip.

유명한 대문 제작자인 Tyler Jones는 훌륭한 대문만 만듭니다. 높게 평가받는 그의 아내 Kate는 Tyler가 훌륭한 대문을 만들고 있을 때 새로 구운 케이크를 가져다줬습니다. Tyler는 아들 Mike에게 말했어요, "우리 좀 쉬자. 이 맛있는 케이크와 코코아를 Kate와 함께 먹게 접시 두 개 좀 가져오렴."

훌륭한 대문들을 만든 후에, Tyler 가족은 집에서 8마일 떨어진 'Jake의 스테이크 하우스'라는 이름의 고급 레스토랑에 갔습니다. 그들은 뷔페 스타일의 스테이크로 점심 식사를 하고 음료로는 카페라떼와 카페오레를 즐겼습니다. 스테이크 맛은 좋았지만 웨이터와 웨이트리스의 서비스는 형편없었습니다. 그래서 그들은 식비로 80달러와 팁으로 8센트를 지불했습니다.

원어민 피드백

It seems like a robot is speaking. It sounds as if the speaker doesn't want to recite, and also sounds a little blunt and indifferent.

로봇이 말하는 것 같아요. 화자가 말하기 싫어하는 것 같고, 퉁명스럽고 무관심하게 말하는 것처럼 들려요.

이중모음이란?

영어의 이중모음들은 두 개의 모음 소리를 하나의 소리처럼 연이어 발음하는 소리들입니다. 그래서 영어사전의 발음기호에서도 이중모음은 [eɪ]처럼 두 개의 모음기호를 붙여서 표기하죠. 영어에는 [eɪ], [oʊ], [aɪ], [aʊ], [ɔɪ] 총 5개의 이중모음이 있어요. 이러한 이중모음들은 우리말과 발음은 매우 비슷하지만, **영어의 이중모음들은 항상 첫소리에 힘을 주고 발음하기 때문에 앞소리가 뒷소리보다 크고 길어지고, 반면에 뒷소리는 앞소리보다 작고 짧아집니다.** 이런 점 때문에 우리말에 없는 강약과 장단의 차이가 생기게 됩니다.

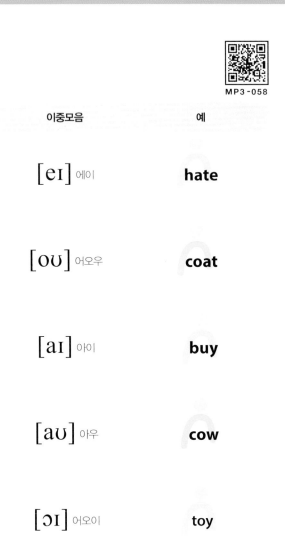

MP3-058

이중모음	예
[eɪ] 에이	hate
[oʊ] 어오우	coat
[aɪ] 아이	buy
[aʊ] 아우	cow
[ɔɪ] 어오이	toy

이러한 이중모음으로 발음하는 철자들은 나름의 규칙이 있어요. 그러면 지금부터 이중모음으로 발음하는 철자 규칙들을 살펴볼까요?

1

모음_e로
되어 있는 단어

a_e[eɪ]
o_e[oʊ]
i_e[aɪ]

MP3-059

[eɪ]

n<u>a</u>m<u>e</u>
g<u>a</u>m<u>e</u>
m<u>a</u>k<u>e</u>
c<u>a</u>k<u>e</u>

[oʊ]

ph<u>o</u>n<u>e</u>
p<u>o</u>l<u>e</u>
h<u>o</u>m<u>e</u>
R<u>o</u>m<u>e</u>

[aɪ]

t<u>i</u>m<u>e</u>
n<u>i</u>n<u>e</u>
k<u>i</u>t<u>e</u>
b<u>i</u>k<u>e</u>

2

단어의 마지막이
o, oe[oʊ], **ow**[aʊ],
oy[ɔɪ], **igh**[aɪ]로
끝나는 단어

[oʊ]

n<u>o</u>
g<u>o</u>
s<u>o</u>
t<u>oe</u>

[aʊ]

n<u>ow</u>
h<u>ow</u>
b<u>ow</u>
c<u>ow</u>

[ɔɪ]

b<u>oy</u>
enj<u>oy</u>
s<u>oy</u>
t<u>oy</u>

[aɪ]

h<u>igh</u>
s<u>igh</u>
th<u>igh</u>

CHAPTER II

Note 영어는 '애' 소리로 끝날 수 없어요

한국어식 발음을 들어볼까요?

At the all-you-can-eat-café, a ballet dancer, a valet,
and a young gourmet ate a buffet style lunch together.
Then, they enjoyed café latte and café au lait for drinks.

뷔페식 카페에서 발레 댄서, 주차 담당원, 젊은 미식가가 뷔페 스타일의 점심을 함께 먹었다.
그 후에 그들은 음료로 카페라테와 카페오레를 마셨다.

왜 영어권 국가 사람들이 한국인 이름을 말할 때 '민제이(민재)', '은헤이(은혜)', '영제이(영재)'
라고 부를까요? 흥미롭게도 영어 단어들이 마지막 소리가 모음으로 끝날 경우에는 '애'로
발음하지 못하고 '에이'로 바꾸어 발음합니다. 그래서 café latte는 카페가 아닌 '캐아훼이
라아테이'처럼 발음되는 것이죠. 특히 단어의 마지막이 buffet [bəféɪ]처럼 -et로 끝나지만
마지막에 't'를 발음하지 않는 단어들은 프랑스어에서 유래한 영어 단어들입니다. 이 단어
들은 강세를 뒤쪽에 주는 프랑스어의 특징을 이어받아서 마지막 소리가 '에이'로 바뀔 뿐
아니라 단어의 강세도 마지막 '에이' 소리에 있으니 뒤쪽에 힘을 주어 발음해야 자연스러운
영어식 리듬으로 말할 수 있습니다.

따라서 다음 단어들은 우리가 알고 있는 발음과 아주 큰 차이가 있으니
발음에 주의해야 합니다.

MP3-061

단어	한국식 발음 (x)		영어 발음 (o)	
café	카페	⟶	케아**훼이**	[kæféɪ]
latte	라떼	⟶	**라아**테이	[láːteɪ]
coupé	쿠페	⟶	쿠**페이**	[kuːpéɪ]
fiancé	피앙세	⟶	휘안**세이**	[fiːɑːnséɪ]
beret	베레	⟶	버**뤠이**	[bəréɪ]
ballet	발레	⟶	배알**레이**	[bæléɪ]
valet	발렛	⟶	붸알**레이**	[væléɪ]
fillet	필렛. 휠레	⟶	휠**레이**	[fɪléɪ]
buffet	뷔페	⟶	붜**훼이**	[bəféɪ]
bouquet	부케	⟶	부**케이**	[bukéɪ]
gourmet	고메	⟶	구올**메이**	[gʊrméɪ]
bidet	비데	⟶	비**데이**	[bɪdéɪ]

주의 ✅ 프랑스어에서 유래한 -et로 끝나는 단어들의 강세를 뒤쪽에 주는 패턴은 주로 북미식 영어
이며, 영국식 영어에서는 반대로 강세를 앞쪽에 주기도 하니 발음에 주의해야 합니다.

읽어 보세요

MP3-062

원어민 음성을 듣고 다음 단어들을 자연스럽게 읽어 보세요.

At the all-you-can-eat-<u>café</u>, a <u>ballet</u> dancer, a <u>valet</u>,
and a young <u>gourmet</u> ate a <u>buffet</u> style lunch together.
Then, they enjoyed <u>café latte</u> and <u>café au lait</u> for drinks.

CHAPTER II

1

MP3-063

다음 문장들의 밑줄 친 단어들을 먼저 리듬감 있게 읽고 원어민 음성을 들어 보세요.

1   **Jason explained** to the **Asian traders** that **Nate** already **placed** all the goods in the **train freight**.

   Jason은 아시아인 무역업자에게 Nate가 이미 모든 상품들을 기차 화물칸에 적재했다고 설명했어요.

2   I **don't know** where the **hole** is on this **coat**, **so** let's **go** back **home** and **find** the **hole** and **sew** it.

   이 코트에 구멍이 어디 나 있는지 모르겠어요. 그러니 집에 가서 구멍을 찾아서 꿰매죠.

3   Hi! **My name** is **Michael Powel**, and I am **going** to talk **about how** to **make five thousand** dollars in **only eight days**.

   안녕! 내 이름은 Michael Powel이고 내가 8일 만에 5천 달러를 버는 방법에 대해 이야기해 줄게.

4   The **guy** needs to **know how** to **go downtown** to **buy** some **toy trains** for the **boys** in the **house**.

   그 친구는 집에 있는 남자아이들에게 줄 장난감 기차를 사러 다운타운에 가는 법을 알아야 해.

2

MP3-064

다음의 문장들에는 이중모음에 강세가 표시되어 있습니다. 이중모음을 발음할 때는 항상 첫소리에 힘을 주고 발음하기 때문에 앞소리가 뒷소리보다 크고 길어지고 뒷소리는 앞소리보다 작고 짧아진다는 점에 주의해서, 원어민의 음성을 듣고 자연스럽게 읽어 보세요.

Tyler Jones, a famous gate maker, makes only great gates. His

highly acclaimed wife, Kate, had taken a newly baked cake to

Tyler as he was making great gates. Tyler said to his son Mike,

"We will take a break, so get two plates and we'll taste this

great cake and cocoa with Kate."

After making all great gates, they went to a gourmet

restaurant named Jake's Steak House which is eight miles

away from their house. They enjoyed having buffet style steak

lunch meals with café latte and café au lait for drinks. The taste

of the steaks was great, but the service from the waiter and

the waitress were terrible. So, they paid eighty dollars for their

meals and eight cents for their waiter's and waitress' tip.

영어식
리듬 훈련

한국인 샘플 낭독 음성을 듣고 원어민의 피드백을 확인해 보세요.

Jamie is a new teacher at ABC High School. Before she became a high school teacher, she used to teach little kids in kindergarten after she graduated from college. She had taught 6-year-old boys and girls for 3 years and then decided to pursue her career in a different environment. She quit her job as a kindergarten teacher and tried hard to get a high school teacher certificate to change her profession. Although it would have been easier to teach elementary or middle school students, she wanted to work with high school students. It was hard for her to adjust in the beginning, but she had to get used to handling older students. In order to be a certified high school teacher, Jamie had to go back to college. She would take college classes, and occasionally, Jamie would volunteer at local high school events to get familiarized with the environment. She met one of her mentors, Peter, at those events. Peter helped Jamie settle in, and they would often give counseling and advice to the students. Jamie loved the experience of interacting with all the high school students she met. Now that she started her career at ABC High School, like she has been dreaming, she plans to be the best teacher her students ever had.

Jamie는 ABC 고등학교에 새로 온 선생님입니다. 고등학교 교사가 되기 전에는 대학 졸업 후 유치원에서 아이들을 가르쳤습니다. 그녀는 6세 아이들을 3년 동안 가르쳤고, 이후 다른 환경에서 자신의 경력을 쌓기로 결심했습니다. 그녀는 유치원 교사를 그만두고 직업을 바꾸기 위해 고등학교 교사 자격증을 따려고 부단히 애썼습니다. 비록 초등학생이나 중학생을 가르치는 것이 더 쉬웠을지 몰라도, 그녀는 고등학생들과 함께 일하고 싶었습니다. 그녀는 처음에 적응하기 힘들었지만, 나이 많은 학생을 다루는 일에 익숙해져야 했습니다. 고등학교 정교사가 되기 위해 Jamie는 대학으로 돌아가야 했습니다. 그녀는 대학 수업을 들었고, 때때로 환경에 익숙해지기 위해 지역 고등학교 행사에서 자원봉사를 했습니다. 그녀는 그 행사들에서 자신의 멘토 중 한 명인 Peter를 만났습니다. Peter는 Jamie가 정착하는 것을 도왔고, 그들은 종종 학생들에게 상담과 조언을 해주곤 했습니다. Jamie는 자신이 만난 모든 고등학생들과 교류하는 경험을 좋아했습니다. 그녀가 꿈꿔 왔던 것처럼, 이제 그녀는 ABC 고등학교에서 새로운 일을 시작했으니, 자신의 학생들에게 최고의 선생님이 될 계획입니다.

The tone is very monotonous and the flow of the speech is disrupted constantly. It is hard to tell where the emphasis is.

영어가 단조롭게 들리고 말의 흐름이 계속 끊어집니다. 어디에 포인트를 주어서 말하고 있는지 잘 모르겠어요.

영어의 리듬

영어는 단어 안에서 강약과 장단을 강세를 주어서 조절한다고 배웠습니다. 하지만 문장 안에서 중요한 의미를 담고 있어서 힘을 주어 말하는 단어들은 크고 정확하게 말하는 반면에 중요하지 않는 단어들은 힘을 빼고 말하게 되어 우리말에는 없는 리듬이 만들어집니다.

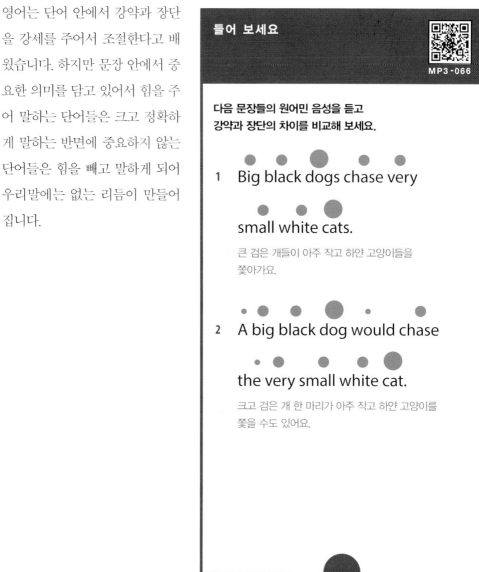

들어 보세요

MP3 - 066

다음 문장들의 원어민 음성을 듣고
강약과 장단의 차이를 비교해 보세요.

1 Big black dogs chase very small white cats.

큰 검은 개들이 아주 작고 하얀 고양이들을 쫓아가요.

2 A big black dog would chase the very small white cat.

크고 검은 개 한 마리가 아주 작고 하얀 고양이를 쫓을 수도 있어요.

「들어 보세요」의 첫 번째 문장에서는 모든 단어가 의미의 핵심이 되는 주어, 동사, 목적어, 보어를 구성하는 명사, 동사, 형용사, 부사만을 사용해서 전체적으로 각 단어를 비슷한 크기와 길이의 리듬감으로 말합니다.

반면, 두 번째 문장에서는 문장에서 상대적으로 의미의 중요성이 떨어지는 a, would, the 같은 단어들은 약화시켜 말하게 되어 다른 핵심 단어들보다 상대적으로 작고 짧게 발음하게 되어 첫 번째 문장을 읽을 때와는 다르게 단어마다 강약과 장단의 차이가 큰 리듬감 있는 문장이 됩니다.

이렇듯 영어를 말할 때 문장에서 핵심 의미를 포함하고 있는 중요 단어들은 그렇지 않은 단어들보다 좀 더 크고 길게 말해야 합니다.

반면, 중요도가 떨어지는 단어들은 작고 짧게 말하고, 심지어는 앞 단어와 붙어서 하나의 의미 덩어리를 만들기도 하는데요, 이런 부분이 우리말과 다른 영어식 '리듬감'의 차이를 만들게 됩니다.

지금부터 영어 문장을 리듬감 있기 말하기 위해서 힘을 더 많이 주어야 하는 단어들과 힘을 빼고 말해야 하는 단어들은 어떤 것들이 있는지 함께 알아볼까요?

내용어(content words)

문장에서 핵심 내용인 주어, 동사, 목적어, 보어를 구성하는 단어늘을 '내용어'라고 합니다. 내용어는 의미의 중요성 때문에 항상 크고 정확하게 말해야 합니다. 영어의 내용어들은 다음과 같습니다.

주어, 목적어, 보어를 구성하는 명사는 문장에서 중요한 의미를 포함하는 단어이기 때문에 항상 크고 정확하게 읽어야 합니다.

1

명사
student, house, teacher, Jamie, London 등

들고 따라 해 보세요

MP3-067

다음 문장들의 원어민 음성을 듣고 자연스럽게 따라 읽어 보세요.

1   They are **students**.
    명사

그들은 학생이에요.

2   It is in the **house**.
    명사

그것은 집 안에 있어요.

3   The **teacher** is **Jamie**.
    명사   명사

그 선생님은 Jamie예요.

4   She is in **London**.
    명사

그녀는 런던에 있어요.

2

동사

1) 일반동사
2) 부정형태의 조동사, be동사
3) 조동사, be동사가 일반동사 없이 단독으로 사용된 경우

1) 일반동사

▶ eat, think, came, went

주어와 목적어/보어 사이에 위치하는 일반동사는 명사와 마찬가지로 문장에서 핵심 의미가 있기 때문에 항상 크고 정확하게 읽어야 합니다.

듣고 따라 해 보세요

MP3-068

다음 문장들의 원어민 음성을 듣고 자연스럽게 따라 읽어 보세요.

1 They **eat** the **meal**.
　　　 일반동사　　 명사

그들이 식사를 해요.

2 I **think** he is a **student**.
　 일반동사　　　　　 명사

나는 그가 학생인 것 같아요.

3 He **came** from **New York**.
　　 일반동사　　　 명사

그는 뉴욕에서 왔어요.

4 **Jamie** **went** to the **house**.
　 명사　 일반동사　　　 명사

Jamie는 집에 갔어요.

CHAPTER II

2) 부정형태의 조동사, be동사

▶ don't, can't, won't, aren't, isn't

문장에서 'not'은 긍정문을 부정으로 의미를 180도 변화시키는 중요한 역할을 하기 때문에 항상 강세를 주어 말합니다. 조동사와 be동사는 뒤따라 나오는 단어의 의미를 부가적으로 설명하는 정도의 역할을 하기 때문에 원래는 약화시켜서 발음해야 하지만, can't, isn't처럼 not과 함께 축약 형태로 쓰이면 강세를 받아야 하는 not의 영향을 받아 항상 크고 정확하게 읽어야 합니다.

다음 문장들의 원어민 음성을 듣고 자연스럽게 따라 읽어 보세요.

1 He **isn't** a **student**.
    부정   명사

그는 학생이 아니에요.

2 These **aren't houses**.
       부정   명사

이것들은 집이 아니에요.

3 I **can't play** it.
    부정 동사

나는 그것을 연주할 수 없어요.

4 I **don't know** him.
    부정   동사

나는 그를 몰라요.

3) 조동사, be동사가 일반동사 없이 단독으로 사용된 경우

▶ Yes, I <u>do</u>,
I think we <u>can</u>,
Yes, he <u>is</u>.

조동사, be동사가 문장의 마지막에 위치한 경우는 단순히 일반동사의 의미를 보조하는 역할이 아니라, 그 뒤에 따라 나와야 하지만 생략된 단어의 의미를 대신하는 중요한 역할을 하기 때문에 조동사, be동사 또한 크고 정확하게 읽어야 합니다.

다음 문장들의 원어민 음성을 듣고 자연스럽게 따라 읽어 보세요.

1 Do you know him?

그를 알아요?

→ Yes, I **do** (know him).

네. (그를 알아요)

2 Can they play baseball?

그들이 야구를 할 수 있어요?

→ I think they **can** (play baseball).

나는 그들이 (야구를) 할 수 있다고 봐요.

3 Is she smart?

그녀는 똑똑한가요?

→ Yes, she **is** (smart).

네. (그녀는 똑똑해요)

CHAPTER II

133

3

의문사
what, where, when, how, who, why

육하원칙(5W1H: what, where, when, who, why, how)의 질문을 만들 때 쓰는 의문사도 주어, 보어 등 문장에서 핵심 내용을 구성하기 때문에 크고 정확하게 말해야 합니다.

듣고 따라 해 보세요

MP3-071

다음 문장들의 원어민 음성을 듣고 자연스럽게 따라 읽어 보세요.

1 **When** did he come here?
그가 여기 언제 왔나요?

2 **What** are you doing?
뭐 하고 있어요?

3 He is **where**?
그가 어디에 있다고요?

4 **Who** is this gentleman?
이 남자 분은 누구예요?

5 **Why** do you want to go there?
왜 거기에 가고 싶어요?

6 **How** is your boyfriend?
남자 친구는 어떻게 지내나요?

4

형용사
big, small, round, blue, fat, thin, nice, more 등

명사 앞에 또는 동사 뒤에 보어로 쓰이는 형용사는 문장에서 핵심 내용을 구성하기 때문에 크고 정확하게 말해야 합니다.

듣고 따라 해 보세요

MP3-072

다음 문장들의 원어민 음성을 듣고 자연스럽게 따라 읽어 보세요.

1 He is **smart**.
   형용사

   그는 똑똑해요.

2 She is **beautiful**.
   형용사

   그녀는 아름다워요.

3 It is a **blue cap**.
   형용사 명사

   그것은 파란색 모자예요.

4 They are **intelligent people**.
   형용사   명사

   그들은 지식인이에요.

5

부사
fast, well, hard, now, soon, up, down, on, off, back 등

동사 또는 형용사를 수식하는 부사도 문장에서 핵심 내용을 구성하기 때문에 크고 정확하게 말해야 합니다.

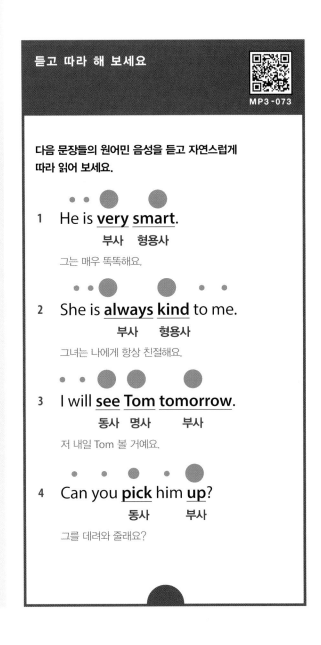

들고 따라 해 보세요

MP3-073

다음 문장들의 원어민 음성을 듣고 자연스럽게 따라 읽어 보세요.

1 He is **very smart**.
    부사   형용사

그는 매우 똑똑해요.

2 She is **always kind** to me.
       부사   형용사

그녀는 나에게 항상 친절해요.

3 I will **see Tom tomorrow**.
       동사 명사   부사

저 내일 Tom 볼 거예요.

4 Can you **pick** him **up**?
         동사   부사

그를 데려와 줄래요?

6

지시대명사
this, that, these, those

주어, 목적어로 쓰이는 지시대명사들도 문장의 핵심 내용을 구성하기 때문에 크고 정확하게 말해야 합니다.

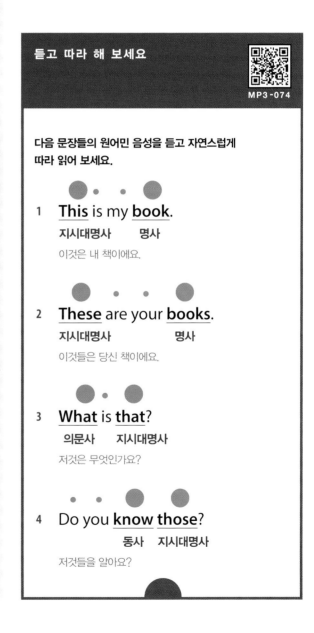

듣고 따라 해 보세요

MP3-074

다음 문장들의 원어민 음성을 듣고 자연스럽게 따라 읽어 보세요.

1 **This** is my **book**.
　지시대명사　　　명사
　이것은 내 책이에요.

2 **These** are your **books**.
　지시대명사　　　　　명사
　이것들은 당신 책이에요.

3 **What** is **that**?
　의문사　　지시대명사
　저것은 무엇인가요?

4 Do you **know those**?
　　　　　동사　지시대명사
　저것들을 알아요?

기능어(function words)

주어, 동사, 목적어, 보어처럼 문장의 핵심 의미를 구성하는 단어가 아닌 상대적으로 중요도가 떨어지는 단어들을 '기능어'라고 합니다. 기능어는 문장 내의 의미가 내용어에 비해서 상대적으로 중요하지 않기 때문에 작고 짧게 말해야 합니다. 영어의 기능어들은 다음과 같습니다.

1

한정사
a, an, the, some, any, this, that 등

한정사는 명사 앞에서 그 명사의 의미를 특정한 범위나 상황으로 제한하는 역할을 하는 단어입니다.

이러한 한정사들은 기능어로 쓰여 작고 짧게 발음되며 앞 단어와 이어서서 하나의 덩어리처럼 발음하기도 합니다.

듣고 따라 해 보세요

MP3-075

다음 문장들의 원어민 음성을 듣고 자연스럽게 따라 읽어 보세요.

1 I have **a** cat and I like **the** cat.
나는 고양이가 한 마리 있고, 그 고양이를 좋아해.

2 I like **this/that** cap.
이/저 모자가 마음에 들어.

3 I met **some** people.
여러 사람들을 만났어요.

4 Do you have **any** idea?
어떤 아이디어 생각나는 것 있나요?

2

대명사
I, me, my,
he, she, him, her, his,
they, them, their,
you, your,
we, us, our,
it, its 등

대명사 또한 반복되어 사용되는 명사를 대신하는 기능어로 쓰여 작고 짧게 발음되며 앞 단어와 이어져서 하나의 덩어리처럼 발음하기도 합니다.

듣고 따라 해 보세요

MP3-076

다음 문장들의 원어민 음성을 듣고 자연스럽게 따라 읽어 보세요.

1 Am I supposed to do this?

내가 이걸 하기로 되어 있나요?

2 Can she play the piano?

그녀가 피아노를 칠 수 있나요?

3 Do you know us?

당신 우리를 알아요?

4 Do we have these?

우리가 이것들을 가지고 있나요?

5 I love it and its movement.

나는 그것과 그것의 움직임을 좋아해요.

6 He is our friend.

그는 우리의 친구예요.

특히 he, his, him, her나 they, their, them, theirs 같은 대명사들은 문장 중간에서 쓰일 때는 첫 자음 소리가 사라지고 앞의 단어와 이어져 발음되기도 하기 때문에 주의해야 합니다.

MP3-077

다음 문장들의 원어민 음성을 듣고 자연스럽게
따라 읽어 보세요.

1 Is he going?   그가 가나요?

2 We love her.   우리는 그녀를 사랑해요

3 But he is good.   하지만 그는 좋아요.

4 I need them.   나는 그들이 필요해요.

5 Leave them alone.
   그들을 혼자 있게 해 주세요.

6 Get them out of here.
   그들을 여기 밖으로 내보내요.

you, your, yours의 경우는 앞 단어와 이어서 발음할 경우 [s] + y = [ʃ], [z] + y = [ʒ], [t] + y = [tʃ], [d] + y = [dʒ]로 소리가 바뀌는 구개음화 현상에 주의해서 연습해야 합니다.

(p.204 〈구개음화 현상〉 참고)

MP3-078

다음 문장들의 원어민 음성을 듣고 자연스럽게
따라 읽어 보세요.

1 I miss you.   당신이 그리워요.

2 Where is your bag?
   당신 가방이 어디 있어요?

3 Did you meet your friend?
   당신 친구를 만났나요?

4 I need your help.   당신 도움이 필요해요.

3

전치사
at, in, on, of, to, into, about, with 등

주절과 관련된 부가적인 설명을 할 때 쓰이는 전치사도 기능어로 쓰여 작고 짧게 발음되며 앞 단어와 이어져서 하나의 덩어리처럼 발음하기도 합니다.

듣고 따라 해 보세요

MP3-079

다음 문장들의 원어민 음성을 듣고 자연스럽게 따라 읽어 보세요.

1 Look **in** the mirror. 거울을 봐요.

2 We talked **about** that.
우리는 그것에 대해 이야기했어요.

3 I will be waiting **for** the bus **at** the corner.
모퉁이에서 버스를 기다릴 거예요.

4 I met a lot **of** people.
많은 사람들을 만났어요.

5 I go **to** school every weekday.
주중에는 학교에 가요.

6 I ran **into** the cave **with** Tom.
나는 Tom과 함께 동굴로 달려갔어요.

듣고 따라 해 보세요

MP3-080

다음 문장들의 원어민 음성을 듣고 자연스럽게 따라 읽어 보세요.

1 Whom are you waiting **for**?
누구를 기다리고 있는 중인가요?

2 What are you sitting **on**?
무엇에 앉아 계신 거죠?

3 Where do you want to go **to**?
어디로 가고 싶으세요?

4 What are you looking **at**?
무엇을 보고 있나요?

5 That's what we are looking **into**.
저것이 우리가 눈여겨보고 있던 거예요.

예외 ✅ 위와 같이 전치사가 문장의 마지막에 위치한 경우에는 내용어처럼 크고 정확하게 발음해야 합니다.

4

접속사
and, but,
or, so, nor,
than, that,
where, as, if,
because 등

단어, 구, 문장 사이를 이어주는 접속사도 기능어로 쓰여 작고 짧게 발음되며 앞 단어와 이어져서 하나의 덩어리처럼 발음하기도 합니다.

듣고 따라 해 보세요

MP3-081

다음 문장들의 원어민 음성을 듣고 자연스럽게 따라 읽어 보세요.

1 Tom **and** I will meet Jim **or** Gina.
Tom과 내가 Jim이나 Gina를 만날 거예요.

2 He is taller **than** her.
그는 그녀보다 키가 더 커요.

3 Neither Tom **nor** Jamie has joined the party.
Tom뿐 아니라 Jamie도 파티에 가지 않았어요.

4 I know **that** he is nice **because** he gave me a lot of help.
그가 나에게 많은 도움을 줬기 때문에 좋은 사람이란 걸 알아요.

5 What **if** I have that?
만약에 내가 저것을 가지게 되면 어떻게 될까?

6 **As** he knew her home address, he visited her house **where** her five dogs lived together.
그가 그녀의 집 주소를 알았기 때문에 그는 다섯 마리의 개가 함께 사는 그녀의 집을 방문했어요.

5

**be동사, 조동사
is, am,
are, been,
can, will,
could, do 등**

1) 작고 짧게 발음하는 경우

일반동사와 함께 쓰여 의미를 보완해 주는 be동사와 조동사의 경우도 기능어로 쓰여 작고 짧게 발음되며 앞 단어와 이어져서 하나의 덩어리처럼 발음하기도 합니다.

듣고 따라 해 보세요

MP3-082

다음 문장들의 원어민 음성을 듣고 자연스럽게 따라 읽어 보세요.

1 She is my friend.
그녀는 나의 친구입니다.

2 I am a teacher.
나는 교사예요.

3 What does he have?
그가 뭘 가지고 있나요?

4 What do you do?
무슨 일 하세요? (직업을 물을 때)

5 I have visited this place before.
예전에 여기 방문했던 적이 있어요.

6 I can play baseball.
나는 야구를 할 수 있어요.

7 I will be a scientist in the future.
저는 미래에 과학자가 될 거예요.

8 I would have done that.
나는 그것을 끝냈을 거예요.

9 You shouldn't have done that.
당신은 그것을 하지 않았어야 했어요.

CHAPTER II

143

2) 크고 정확하게 발음하는 경우

① 조동사 + not

shouldn't처럼 '조동사+not'이 한 단어로 표현된 경우에는 not의 영향을 받아서 내용어처럼 크고 정확하게 발음해야 합니다.

② 대답에서 조동사 뒤에 동사가 생략된 경우

"Can she swim?"에 대한 대답을 "Yes, she can swim."이 아니라 "Yes, she can."처럼 줄여서 말하는 경우에 마지막에 위치한 can은 생략된 swim의 의미를 내포하고 있는 내용어로 쓰인 것입니다. 그래서 조동사가 문장의 마지막에 위치할 경우에는 바로 뒤에 나와야 하는 일반동사의 의미를 대신하는 것으로 보아서 크고 정확하게 발음해야 합니다.

들어 보세요

MP3-083

조동사의 소리를 비교하면서 원어민의 음성을 들어 보세요.

I **can** play baseball.
나는 야구할 수 있어요.

I **can't** play baseball.
나는 야구할 수 없어요.

I **will** do it now.
그거 지금 할래요.

I **won't** do it now.
그거 지금 안 할래요.

I **could** finish this today.
오늘 이걸 끝마칠 수도 있어요.

I **couldn't** finish this today.
오늘 이걸 끝마치지 못할 수도 있어요.

VS.

Do you know him?
그를 아나요?

Don't you know him?
그를 알지 못하나요?

I **should** buy this car.
이 차를 사야 할 것 같아.

I **shouldn't** buy this car.
이 차를 사지 말아야 할 것 같아.

원어민의 음성을 듣고 조동사 can의 위치에 따른 리듬의 차이를 확인해 보세요.

A Can you sing? 노래 잘해요?

B Yes, I **can** sing. / Yes, I **can**. 네, 노래 잘해요.

A Who will play this role? 누가 이 역할을 연기할 거예요?

B He **will** play. / He **will**. 그가 연기할 거예요.

A Have you watched that movie? 저 영화 본 적 있어요?

B Yes, I **have** watched it. / Yes, I **have**. 네, 영화 본 적 있어요.

A Do you know him? 그를 알아요?

B Yes, I **do** know him. / Yes, I **do**. 그를 알아요.

A Does she speak Korean? 그녀가 한국말을 하나요?

B Yes, she **does** speak Korean. / Yes, she **does**. 네, 그녀는 한국말을 해요.

A Should I leave now? 제가 지금 나가야 할까요?

B Yes, you **should** leave now. / Yes, you **should**. 네, 지금 나가야 해요.

CHAPTER II

145

내용어에 강세를 체크해 보고 내용어와 기능어의 리듬감을 신경 쓰면서 자연스럽게 읽어 보세요.

1 I'd like some coffee and a slice of American cheese, please.

2 I love to look at the moon and stars at night.

3 They can't drink a lot of yogurts at once, but they can eat some cookies.

4 We're late. We've got to rush to catch the train.

5 Where did you buy your new bag?

6 They were on sale at the supermarket in the department store.

7 This is the most expensive car you can buy at this time.

8 Do you know where he got them? Yes, I do.

9 Linda said that she would come at six or seven o'clock in the morning.

10 If I hadn't met you yesterday, you would have met Jamie at the theater.

ANSWERS

(밑줄 친 부분이 강세를 받는 단어입니다.)

1 I'd like some coffee and a slice of American cheese, please.
커피와 아메리칸 치즈 한 조각 주세요.

2 I love to look at the moon and stars at night.
밤에 달과 별 보는 것을 좋아해요.

3 They can't drink a lot of yogurts at once, but they can eat some cookies.
그들은 많은 양의 요구르트를 한번에 먹을 수는 없지만 쿠키 몇 개는 먹을 수 있어요.

4 We're late. We've got to rush to catch the train.
우린 늦었어요. 기차 타려면 서둘러야 해요.

5 Where did you buy your new bag?
당신 새 가방은 어디서 샀나요?

6 They were on sale at the supermarket in the department store.
그것들은 백화점의 슈퍼마켓에서 할인판매 중이었어요.

7 This is the most expensive car you can buy at this time.
이것은 현 시점에서 당신이 살 수 있는 가장 비싼 차예요.

8 Do you know where he got them? Yes, I do.
당신은 그가 어디에서 그것들을 구했는지 알아요? 네, 알아요.

9 Linda said that she would come at six or seven o'clock in the morning.
Linda는 아침 6시나 7시에 올 거라고 했어요.

10 If I hadn't met you yesterday, you would have met Jamie at the theater.
내가 당신을 어제 만나지 않았다면, 당신은 극장에서 Jamie를 만났겠죠.

CHAPTER II

원어민의 음성을 듣고 하나의 덩어리로 이어지는 리듬의 변화를 신경 쓰면서 자연스럽게 읽어 보세요.

Jamie is a new teacher at ABC High School. **Before she**

became a high school teacher, she **used to** teach little kids

in kindergarten **after she graduated from** college. **She had**

taught 6-year-old **boys and** girls for 3 years and then

decided to pursue her career **in a** different environment.

She **quit her** job **as a** kindergarten teacher and tried **hard to**

get a high school teacher certificate to **change her**

profession. Although **it would have been** easier to teach

elementary or middle school students, she **wanted to**

work with high school students. **It was** hard **for her** to adjust

in the beginning, **but she had to** get **used to** handling older

students. In **order to be a** certified high school teacher, Jamie

had to go **back to** college. **She would** take college classes,

and occasionally, **Jamie would** volunteer at local high school

events to get **familiarized with the** environment. She met

one of her mentors, Peter, at those events. Peter helped Jamie

settle in, and **they would** often give counseling and

advice to the students. Jamie **loved the experience of**

interacting with all the high school students she met.

Now that she **started her** career at ABC High School,

like she has been dreaming, she **plans to be the** best

teacher her students ever had.

CHAPTER II

CHAPTER

III

자연스럽게

이어서

말하고 듣기

WORKBOOK

———————

———————

———————

———————

**T와 D의 다양한
소리 변화
이해하기**

다음 대화를 듣고 받아쓰기를 해 보세요.

Tim   Hey, Dean. Do you have _____ to _____?

Dean   I was in the _____ of watching a _____

movie, but it's fine. _____ going on?

Tim   Do you remember I _____ on the camp

_____ to the _____?

Dean   Yes, you _____ me you _____ that place

on the _____.

Tim   _____ _____! Before I _____

hiking, I _____ really hungry because it was

_____ _____ o'clock.

So, I _____ to the _____ _____

_____ _____ the _____ of

the _____. I _____ a _____

_____ because _____ _____

juicy on the menu, but it was _____ as a rubber

when I _____ a _____.

Dean   Oh, no.

Tim The _____ was so _____, _____.

I _____ for a cup of coffee, but he _____

me a glass of _____ _____.

When I _____ him he _____

my _____ wrong, all of a _____,

he _____ _____ glare _____ me.

I _____ give him a single _____

as a _____.

Dean Wow, what a _____!

He should _____ be a _____.

Tim It was the _____ experience I ever _____!

I will never _____ this.

Dean However, you have to _____ to move on and

_____ _____ in the _____.

ANSWERS

Tim   time, talk
Dean   middle, *Batman*, What's
Tim   went, trip, mountains
Dean   told, found, Internet
Tim   That's, right // started, got, around, twelve // went, country, style, restaurant, at, entrance, trail // ordered, steak, sandwich, it, looked, dry, took, bite
Tim   waiter, rude, too // asked, brought, water, instead // told, got, order, sudden, started, to, at // didn't, dime, tip
Dean   bad man, not, waiter
Tim   worst, had // forget
Dean   try, stop, dwelling, past

* 해석은 p.191 참고

t와 d의 다양한 소리

영어 철자 t와 d는 단어 안에서 가장 다양하게 변화하는 소리입니다. 각각의 발음기호는 철자와 동일하게 [t], [d]로 표기하며 혀 앞쪽을 윗 잇몸에 붙여서 공기의 흐름을 막았다가 단번에 터트리듯 분출하는 소리죠. [t]와 [d] 소리의 유일한 차이는 [t]는 발음할 때 성대가 울리지 않는 무성음이고, [d]는 성대를 울리면서 발음하는 유성음이라는 것입니다.

원어민의 음성을 들어 보면 「들어 보세요」의 단어들 중에서 time과 dime만 우리가 알고 있는 [t, d]로 발음하지만, 나머지 단어들은 [t, d]가 아닌 다른 소리처럼 들리는 것을 확인할 수 있습니다. 영어 철자 t와 d는 단어 안의 위치에 따라서, 또는 뒤에 따라 나오는 철자에 따라서 발음하는 방식이 다양하게 바뀌게 됩니다.

이렇듯 t와 d를 분명히 다른 소리로 발음하는데도 불구하고 영어 사전에는 모두 [t, d]로 표기되어 있어서 우리에게 많은 혼동을 줍니다. 지금부터 영어 철자 t와 d의 다양한 변화들을 배워 볼까요?

들어 보세요

MP3-088

단어에 있는 t와 d 소리에 신경 써서 원어민 음성을 들어 보세요.

time 시간. dime 10세트 동전

water 물. middle 중간

mountain 산. sudden 갑작스런

style 스타일. steak 스테이크

Internet 인터넷. sandwich 샌드위치

Batman 배트맨. bad man 나쁜 사람

try 시도하다. dry 말리다

twelve 12. dwell 거주하다

플랩(flap)

플랩은 알파벳 t와 d가 단어 중간에 있고 t와 d를 포함한 음절에 강세가 없을 때 소리가 약화되어 [t]가 [d] 또는 우리말 [ㄹ]처럼, [d]가 [ㄹ]처럼 소리가 바뀌는 것을 말합니다.

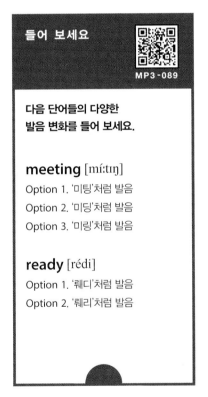

들어 보세요

MP3-089

다음 단어들의 다양한
발음 변화를 들어 보세요.

meeting [míːtɪŋ]
Option 1. '미팅'처럼 발음
Option 2. '미딩'처럼 발음
Option 3. '미링'처럼 발음

ready [rédi]
Option 1. '뤠디'처럼 발음
Option 2. '뤠리'처럼 발음

보통 meeting, ready 같은 단어들을 천천히 또박또박 말하면 중간

에 있는 t와 d 부분을 원래의 [t], [d]로 발음하여 **'미팅', '뤠디'**처럼 발음합니다. 하지만 빠르게 말할 경우에는 플랩으로 발음이 되어 강세가 없는 'ting'과 'dy' 부분의 발음을 약화시켜서 마치 **'미링', '뤠리'**처럼 발음됩니다. **즉, 플랩은 말을 빠르게 할 때 자연스럽게 [t, d] 소리가 약화되어 발음되는 현상을 말하는 것입니다.** [t]와 [d]의 플랩 소리를 알지 못하면, 알파벳 t와 d가 약화된 부분을 잘못 알아듣게 되어 내용을 정확하게 이해하기 어려워집니다.

듣고 따라 해 보세요

MP3-090

다음 단어들 속 t와 d의 원어민 발음을 듣고
따라 읽어 보세요.

letter 편지	**leader** 지도자
Betty 베티	**batter** 반죽
order 주문하다	**ready** 준비된
party 파티	**anybody** 누구나
forty 사십(40)	**thirty** 삼십(30)
photo 사진	**buddy** 친구
bottle 병	**water** 물

다음 문장들을 듣고 받아쓰기를 해 보세요.

1 _____ bought _____ _____

of _____.

Peter는 물 40병을 샀어요.

2 The _____, _____, got the gold

_____ by _____ _____ different

types of _____.

Adam 작가는 80종류의 다양한 버터를 발명해서 금메달을 받았어요.

3 I am _____ my _____ house to give his

_____ _____ some _____ for

her birthday _____.

나는 내 친구의 어린 딸에게 생일파티에 쓸 사진들을 갖다주려고 친구 집에 가요.

4 _____ had _____ sell her _____

and _____ to the _____ who is the

_____ of the _____ _____.

Judy는 자신의 토마토와 감자를 방문객 30명의 리더인
무역업자에게 팔아 넘기는 게 더 좋을 거야.

ANSWERS

1   Peter, forty, bottles, water
2   writer, Adam, medal, creating, eighty, butter
3   visiting, buddy's, little, daughter, photos, party
4   Judy, better, tomatoes, potatoes, trader, leader, thirty, visitors

다음 대화를 듣고 받아쓰기를 해 보세요.

A I have got a _____ from my team _____,

Ms. _____ _____.

B Oh, your team _____! Did Ms. _____

_____ send you a _____?

A Yes. In her _____, Ms. _____ has

_____ me to get _____ for a

_____.

B A _____ for what? Did she want a _____

for other team _____?

A No, probably not. She wants _____ to come to

the _____. I think she would like to celebrate our

company's _____ birthday.

B Our company's _____ birthday! I never realized our

company has already been around for _____ years.

I thought it's been around for _____ years.

What should I bring for the _____?

A Can you bring _____ _____ of

_____ when you come to the _____?

B No problem, _____. I will bring _____

_____ of _____ to the _____.

See you then.

A 나 Betty Batter 팀장님한테 편지를 한 통 받았어.

B 아, 너희 팀장님! Betty Batter 팀장님이 너에게 편지를 보냈다고?

A 그래. 편지에서 Betty 팀장님이 나에게 파티를 준비하라고 명령하셨어.

B 무슨 파티야? 다른 팀장님들을 위해서 파티를 열려고 하셨나?

A 아냐, 아마도 아닐 거야. 팀장님은 아무나 파티에 왔으면 하시거든. 내 생각에는 팀장님이 우리 회사 40주년 창립기념일을 축하하고 싶은 것 같아.

B 우리 회사 40주년 창립기념일이라고! 우리 회사가 벌써 40년이 되었다고는 전혀 생각하지 못했는데. 나는 30년 정도 된 줄 알았어. 내가 그 파티에 무엇을 챙겨가야 할까?

A 파티에 올 때 물 30병 가져올 수 있어?

B 물론이지. 친구. 파티에 물 30병 챙겨갈게. 그때 보자.

ANSWERS

A letter, leader, Betty, Batter

B leader, Betty Batter, letter

A letter, Batter, ordered, ready, party

B party, party, leaders

A anybody, party, fortieth

B fortieth, forty, thirty, party

A thirty, bottles, water, party

B buddy, thirty, bottles, water, party

Note | t&d의 미국식 발음과 영국식 발음의 차이

t와 d의 플랩 현상은 북미식 영어에서는 흔하지만, 영국식 영어에서는 플랩으로 발음하지 않고 t와 d의 원래 소리인 [t, d]로 정확하게 발음을 해 줍니다. 이러한 차이 때문에 다음 단어들은 영국 영어에서는 단어 중간에 있는 t와 d를 완전히 다르게 발음해서 각 단어가 명확히 다르게 들립니다. 하지만 북미식 영어에서는 중간의 t 부분을 우리말의 [ㄷ, ㄹ]로, d 부분을 [ㄹ]처럼 약화시킨 플랩으로 발음하면 두 단어가 똑같이 들리게 되니 주의해야 합니다.

들어 보세요

MP3-093

다음 단어들의 미국인 발음과 영국인 발음의 차이를 들어 보세요.

Adam 아담	**atom** 원자	**betting** 내기	**bedding** 침구
bitter 맛이 쓴	**bidder** 응찰자	**coated** 코팅된	**coded** 코드화된
latter 후자	**ladder** 사다리	**metal** 금속	**medal** 메달
putting 놓은	**pudding** 푸딩	**seating** 좌석	**seeding** 씨 뿌리기
shutter 셔터	**shudder** 몸을 떨다	**writer** 작가	**rider** 타는 사람

성문 파열음(glottal stop)

성문 파열음은 **단어 사이에 알파벳 t, tt, d, dd가 끼어 있고 그 뒤에 n이 나오고 이 부분에 강세가 없을 때 소리가 약화되어 [t, d]를 정확하게 터트리듯 발음하지 못하고 뒤에 나오는 n과 발음이 합쳐져서 소리를 짧게 뚝 끊듯이 [웃은]처럼 소리가 바뀌는 것을 말합니다.** 이러한 단어들의 상당수가 성문 파열음뿐만 아니라 플랩으로도 발음이 가능해서 소리가 다양하게 바뀔 수 있기 때문에 이러한 모든 변화를 이해해야 정확하게 알아듣고 원어민처럼 말할 수 있습니다. 보통 button, sudden 같은 단어들은 원래의 발음 그대로 '버튼', '써든'처럼 [t, d] 부분을 발음할 때 혀가 잇몸에 붙어 있다가 터트리듯 또박또박 발음해도 괜찮습니다. 하지만 빠른 속도의 대화에서는 각 단어에서 강세 없는 부분인 -tton과 -dden이 약화되어 소리가 작아지고 짧아지다 보니 [t, d] 발음을 본연의 발음법대로 할 수

다음 단어들의 다양한 발음 변화를 들어 보세요.

button [bʌ́tn]

Option 1. '버튼'처럼 원래 소리로 발음

Option 2. '벗은'처럼 성문 파열음으로 발음

Option 3. '버든, 버른'처럼 플랩으로 발음

sudden [sʌ́dn]

Option 1. '써든'처럼 원래 소리로 발음

Option 2. '썻은'처럼 성문 파열음으로 발음

Option 3. '써른'처럼 플랩으로 발음

있는 시간적인 여유가 없게 됩니다. 이러한 빠른 속도에서 혀가 윗잇몸을 눌러서 터트릴 틈이 없게 되자 어쩔 수 없이 혀는 윗잇몸에 붙어 있는 상태로 유지하고 그 대신에 [t, d] 본연의 소리와 비슷하게 터지는 느낌을 내주기 위하여 목구멍, 즉 성대 안에서 한번 소리를 꾹 눌러 주어 마치 button이 짧게 끊어지는 느낌의 [벗은]으로 발음되고 sudden도

중간이 짧게 끊어지는 느낌에 [썻은]처럼 성문 파열음으로 발음될 수도 있습니다.

즉, 성문 파열음은 말을 빠르게 할 때 자연스럽게 [tn, dn] 같은 소리 덩어리가 약화되어 발음되는 현상을 말하는 것입니다.

[t] 발음 순간 포착: 단어를 천천히 말할 때

동영상-095

Moun — Look at the mountain. (마운튼)

'tain — 천천히 말하니까 정확하게 잇몸을 꾹 눌러서 터뜨릴 수 있네!

mountain [마운튼]

천천히 말하니까 혀가 정확하게 잇몸을 꾹 눌러서 터트려서 원래의 [t] 소리로 발음이 되죠.

[t] 발음 순간 포착: 단어를 빨리 말할 때

우왓! 말이 너무 빨라서 잇몸을 꾹 눌러서 터뜨릴 틈이 없어. 에라 모르겠다. 목에서 대신 터뜨려야지. 성대야 도와줘!

이제 [n]을 발음해야지. 성대야 정말 고마워!

Moun — Look at the mountain! (마운은)

'tain — 그래 알았어. 내가 대신 눌러 줄게!

mountain [마운은]

빨리 말하니까 혀가 잇몸을 눌러서 터트릴 틈이 없어져서 목구멍(성대)에서 대신 툭 터지는 느낌으로 소리를 내주죠.

결국 [t]와 [d]의 성문 파열음 소리를 알지 못하면, 알파벳 t와 d가 약화된 부분을 잘못 알아듣게 되어 내용을 정확하게 이해하기 어려워집니다.

정리하면 영어의 성문 파열음은 다음의 두 가지 조건을 다 만족할 때 일어나는 소리의 변형입니다.

t, d가 단어 중간에 끼어 있고 따라 나오는 모음 뒤에 'n'이 있을 때
: moun<u>tain</u> / su<u>dden</u>

t, d 다음에 'n'이 바로 따라 나올 때
: fi<u>tness</u> / ma<u>dness</u>

t, d를 포함하고 있는 모음 덩어리 (음절)에 강세가 없을 때
: sen<u>tence</u> / gar<u>den</u>

다음 단어들 속 t와 d의 원어민 발음을 듣고 따라 읽어 보세요.

mountain
산

shorten
단축하다

sentence
문장

fitness
신체 단련

sudden
갑작스러운

garden
정원

madness
정신 이상

couldn't
할 수 없다

CHAPTER III

다음 문장들을 듣고 받아쓰기를 해 보세요.

1   The _____ from _____ _____

_____ press the _____ on the

_____.

영국 출신의 대장은 커튼에 있는 버튼을 누를 수 없었다.

2   All the _____ _____ in the

_____ box is _____ in this

_____.

나무 상자 속의 면으로 된 모든 내용물이 이 정원에 숨겨져 있다.

3   It is _____ _____ to visit the

_____ of this _____ in _____.

스웨덴에 있는 이 산의 분수대를 방문하는 것이 갑자기 금지되었다.

4 The _____ business _____ has shown his

_____ and _____ to his _____

lawyer.

건강 관리 사업 파트너는 자신의 담당 변리사에게
자신의 슬픔과 광기를 표현했다.

다음 대화를 듣고 받아쓰기를 해 보세요.

A You better come and sit down! I heard a crazy rumor at the

_____ center. It's about your former

_____.

B My former _____? The same guy who went on a

business trip to _____ and went _____

hiking with me?

A Yes, also the same person who we met at the _____

party last year. I _____ believe what I heard!

B Why? Hurry up and tell me.

A Okay, I will _____ the story for you. He went over to

_____ to start his business in the _____

industry. But he became jealous of his ex-coworker who

already had the _____ to the _____

he was going to propose. So, he pushed his ex-coworker

off the roof!

B What a _____! He _____ _____

have done such a thing!

A But he really did! There were _____ to this incident.

Eventually, he was _____ to go to jail. It's a great

thing you _____ been in contact with him.

B Wow, his life just _____ fell into the sewer. I'm

feeling a deep _____ for him.

A 너 빨리 와서 여기 앉아 봐! 헬스장에서 엄청난 소문을 들었어. 네 예전 상사에 관한 얘기야.

B 내 예전 상사? 나랑 같이 영국 출장도 가도 등산도 한 사람 말이야?

A 그래, 지난해에 가든 파티에서 만난 그 사람이기도 하고 말이야. 내가 들은 이야기를 믿을 수가 없어!

B 왜? 빨리 말해 줘.

A 알았어, 짧게 줄여서 이야기할게. 그가 커튼 사업을 시작하려고 스웨덴으로 건너갔어. 그런데 그가 제안할 내용에 대해 옛 동료가 이미 특허를 가지고 있어서 질투심을 느꼈나 봐. 그래서 그가 옛 동료를 지붕에서 밀어 버렸대!

B 미쳤구나! 그가 그런 짓을 했을 리가 없어!

A 하지만 그가 진짜 그랬어! 이 사건 목격자들도 있었어. 결국 감옥에 가는 판결을 받았대. 네가 그 사람과 계속 연락을 하지 않아 다행이야.

B 와, 그 사람 인생이 갑자기 시궁창으로 떨어졌네. 그 사람 생각하니까 많이 슬프다.

ANSWERS

A fitness, captain
B captain, Britain, mountain
A garden, couldn't
A shorten, Sweden, curtain, patent, contents
B madness, certainly, couldn't
A witnesses, sentenced, hadn't
B suddenly, sadness

영어 철자 t가 묵음이 되는 경우

1

단어 안에 nt가 있는 경우

단어 안에서 알파벳 n 다음에 t가 나오고 t를 포함한 음절에 강세가 없을 경우에는 보통 t를 정확하게 발음해야 하지만, 북미식 영어에서는 t를 발음하지 않아도 괜찮습니다.

듣고 따라 해 보세요

MP3-099

단어의 nt 부분을 정확히 발음하는 방식과 t를 묵음 처리하는 경우를 비교하면서 원어민의 음성을 듣고 따라 읽어 보세요.

interest 관심, 흥미	**Internet** 인터넷
international 국제의	**gentle** 점잖은
winter 겨울	**twenty** 이십(20)
seventy 칠십(70)	**plenty** 풍부한
Santa 산타	**fantasy** 환상
twentieth 스무 번째의	**Atlanta** 애틀랜타 시
wanted 수배 중인	**want to** ～하는 것을 원하다

going to
～하려고 한다
(구어체에서는 **going to**도 **gonna**로 발음할 수 있습니다.)

다음 문장들을 듣고 받아쓰기를 해 보세요.

1 _____ minus _____ is _____.

90에서 70을 빼면 20이다.

2 _____ Clause comes to your house to give you

a _____ this _____.

산타클로스가 올 겨울에 네게 선물을 주려고 너희 집에 온단다.

3 The _____ have _____ of time to

_____ the _____ from _____.

면접관들은 애틀랜타 시에서 온 면접자들을 인터뷰할 시간이 충분히 있다.

4 I _____ order _____ sandwiches for

the _____ students in the student _____.

학생 회관에 있는 국제 학생들에게 줄 샌드위치 20개를 주문하고 싶어요.

ANSWERS

1 Ninety, seventy, twenty
2 Santa, present, winter
3 interviewers, plenty, interview, interviewees, Atlanta
4 want to, twenty, international, center

CHAPTER III

2

단어 안의 철자 t가 묵음이 되는 경우

일부 단어들은 예외적으로 단어 안의 철자 t 부분을 발음하지 않아 묵음 처리됩니다. 주로 3개 자음이 연이어 나와서 중간에 끼어 있는 t가 사라지는 단어들이나 (p.209〈중간에 끼어 있는 [p, b, t, d, k, g]의 연음 현상〉) 프랑스어에서 유래된 단어들로, 단어의 마지막 철자 t가 묵음이 되며 강세가 마지막에 있는 단어들입니다.

다음 단어들은 철자 t가 묵음이 되는 단어들이어서 발음에 주의해야 합니다. 원어민의 음성을 듣고 따라 읽어 보세요.

listen
듣다

fasten
매다

soften
부드럽게 하다

Christmas
크리스마스

whistle
호루라기

castle
성

mortgage
대출

다음 단어들은 마지막 철자 t가 묵음이 되며 강세도 뒤쪽에 있어서 발음에 주의해야 합니다. 원어민의 음성을 듣고 따라 읽어 보세요.

ballet

발레

[bæléɪ]

bidet

비데

[bɪdéɪ]

buffet

뷔페

[bəféɪ]

fillet

살코기

[fɪléɪ]

valet

(호텔, 식당의) 주차원

[væléɪ]

beret

베레모

[bəréɪ]

bouquet

부케, 꽃다발

[bukéɪ]

cabaret

카바레식 식당

[kæbəréɪ]

gourmet

미식가

[gʊrméɪ]

CHAPTER III

DICTATION DRILL 2

MP3-103

다음 문장들을 듣고 받아쓰기를 해 보세요.

1 Nancy has a _____ recital today, so I bought

a _____ of roses for her.

오늘 Nancy가 발레 발표회를 해서 Nancy에게 줄 장미 꽃다발을 샀어요.

2 The _____ are back in style.

베레모가 다시 유행하고 있어요.

3 Is the _____ available at the _____?

카바레식 식당에서 발렛 서비스를 이용할 수 있나요?

4 Cod _____ steaks are my favorite _____

food.

대구 살코기 스테이크는 제가 제일 좋아하는 고급 음식이에요.

ANSWERS

1 ballet, bouquet
2 berets
3 valet, cabaret
4 fillet, gourmet

다음 대화를 듣고 받아쓰기를 해 보세요.

A Hey, I heard you are _____ in opening an

_____ business _____ in

_____.

B Actually, I am not _____ in opening

an _____ business _____ in

_____, but I am very _____ in opening it

in _____.

A In _____? Great! When do you _____

open the _____?

B In fact, I _____ open it this _____.

I already checked more than _____ great

locations in _____ on the _____, but

didn't find the best place for my _____ yet.

A If you are _____ in the _____ area,

I can help you find the best spot. I have _____

information about the real estates in _____.

B Oh, great! Thanks. I am sure you are the best _____

business consultant in _____. When are

you available to meet in _____? I am

_____ talk with you there.

A You are _____ come here? Great!

Let's have a dinner in a famous _____ restaurant.

How about December _____?,

B Hey, listen! December _____ is Christmas.

I _____ _____ my Christmas day

with my family.

How about December _____? Let's have lunch in

a Korean _____ restaurant in _____.

A That _____ perfect! I'll see you then.

A 안녕, 네가 토론토 시에 국제 비즈니스 센터 여는 데 관심 있다고 들었어.

B 사실 토론토 시에 국제 비즈니스 센터 여는 것에는 관심 없고 애틀랜타 시에 여는 것에 관심이 아주 많아.

A 애틀랜타 시에? 잘됐다! 언제 센터를 열려고 하는 거야?

B 사실 이번 겨울에 열고 싶어. 이미 인터넷으로 애틀랜타 시에서 20군데 이상 괜찮은 장소들을 체크했지만 센터 차리기에 가장 좋은 자리는 아직 못 찾았어.

A 애틀랜타 지역에 관심 있으면, 내가 최적의 장소를 찾는 걸 도와줄 수 있어. 나한테 애틀랜타 부동산에 관한 풍부한 자료들이 있거든.

B 아, 잘됐다! 고마워. 나는 네가 애틀랜타 최고의 글로벌 사업 컨설팅 전문가라고 확신하니까. 애틀랜타에서 언제 만날 수 있을까? 내가 거기 가서 너랑 얘기를 나눌게.

A 여기 올 거라고? 잘됐다! 유명한 미식 레스토랑에서 저녁 같이 하자. 12월 25일은 어때?

B 이봐! 12월 25일은 크리스마스야. 나는 가족들과 크리스마스를 보내고 싶어. 12월 20일은 어때? 애틀랜타 시에 있는 한국 음식 뷔페 식당에서 점심 먹자.

A 아주 좋네! 그때 보자.

ANSWERS

A interested, international, center, Toronto
B interested, international, center, Toronto, interested, Atlanta
A Atlanta, want to, center
B want to, winter, twenty, Atlanta, Internet, center
A interested, Atlanta, plenty, Atlanta
B international, Atlanta, Atlanta, going to
A going to, gourmet, 25th
B 25th, want to, spend, 20th, buffet, Atlanta
A sounds

기타 [t, d]가
주변 소리에 따라서 바뀌는 경우

1

t의
된소리(ㄸ) 현상

단어 안에서 t 바로 앞에 s가 있는 'st+모음' 형태의 단어들은 천천히 말하면 중간의 t는 원래의 [t]로 발음되지만, 단어를 빠르게 읽을 경우에는 자연스럽게 [ㄸ]로 소리가 바뀌게 됩니다.

듣고 따라 해 보세요

MP3-105

다음 단어들을 천천히 발음할 때와 빠르게 발음할 때의 st 부분의 소리 차이를 비교해 보면서 원어민의 음성을 듣고 따라 읽어 보세요.

Steve 스티브 (남자 이름)	**Stacy** 스테이시 (여자 이름)	**student** 학생
steak 스테이크	**style** 스타일	**stack** 무더기, 쌓다
stay 머무르다	**steal** 훔치다	**still** 여전히
step 단계	**sting** 쏘다, 찌르다	**steep** 가파른
stop 멈추다	**stool** (등받이, 팔걸이 없는) 의자	**study** 공부하다

다음 문장을 듣고 받아쓰기를 해 보세요.

1 A _____ named _____ went up the

    _____ hill to the library to _____.

    Steve라는 학생이 공부를 하려고 가파른 언덕을 올라 도서관에 갔습니다.

2 There are lots of _____ _____ in the

    _____.

    창고에 (등받이, 팔걸이 없는) 의자가 많이 쌓여 있어요.

3 _____ was caught _____ while

    _____ at her friend's house.

    Stacy는 친구 집에 머물면서 도둑질을 하다가 걸렸습니다.

4 This is my favorite Korean _____ barbequed

    _____.

    이것은 제가 가장 좋아하는 한국식 바비큐 스테이크예요.

CHAPTER III

ANSWERS

1 student, Steve, steep, study
2 stools, stacked, storage
3 Stacy, stealing, staying
4 style, steak

2

뒤에 따라 나오는 r 자음에 영향을 받는 경우 : try, dry

t와 d 바로 뒤에 r이 있는 경우에는 [t, d] 소리가 따라 나오는 [r] 소리의 영향을 받게 됩니다. [r] 발음 앞에 자음 소리가 있는 경우에 앞소리와 하나로 발음하게 되어 try, dry 같은 단어를 말할 때도 [t, d]를 발음할 때 이미 혀와 입술이 [r]의 위치로 자리잡은 상태에서 발음하기 때문에 마치 try를 '츄롸이', dry를 '쥬롸이'처럼 발음하게 되죠.

즉, r 앞의 t는 마치 '츄'처럼, d는 '쥬'처럼 소리가 바뀌게 됩니다.

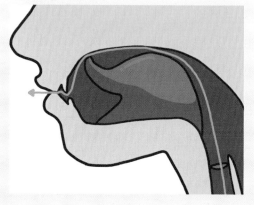

[r] 발음을 할 때의 입술 모양과 혀 위치

다음 단어들의 원어민 음성을 듣고 따라 읽어 보세요.

tree	try	train
나무	시도하다	기차

true	trunk	trick
사실인	트렁크	속임수

drive	dry	drain
운전하다	마른	물을 빼내다

drew	drunk	dream
draw(끌다)의 과거	술 취한	꿈

CHAPTER III

다음 문장들을 듣고 받아쓰기를 해 보세요.

1 This _____ has three compartments.

이 기차는 세 칸으로 되어 있습니다.

2 Can I get a blanket from the _____ before we start

_____ ?

운전하기 전에 트렁크에서 담요를 좀 가져올 수 있을까요?

3 I need to _____ the water and _____ the

cellphone before I can use it.

휴대폰을 사용하려면 먼저 물을 빼고 휴대폰을 말려야 해요.

4 Is it _____ that Peter was _____ last night?

Peter가 어젯밤에 술에 취했다는 게 사실이에요?

_____

ANSWERS

1 train
2 trunk, driving
3 drain, dry
4 true, drunk

3

뒤에 따라 나오는
w 자음에 영향을
받는 경우
: twin, dwell

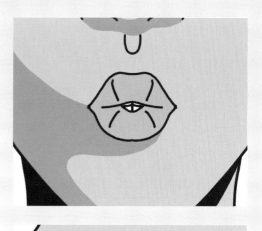

t와 d 바로 뒤에 w가 있는 경우에는 [t, d] 소리가 따라 나오는 [w] 소리의 영향을 받게 됩니다. [w] 발음 앞에 자음 소리가 있는 경우에 앞의 소리와 하나로 발음하게 되어 twin, dwell 같은 단어를 말할 때도 [t, d]를 발음할 때 이미 혀와 입술이 [w]의 위치로 자리잡은 상태에서 발음하기 때문에 마치 twin은 '투위인', dwell은 '두웨어'처럼 발음하게 되죠.

즉, w 앞에 있는 t는 마치 '투'처럼 d는 '두'처럼 소리가 바뀌게 됩니다.

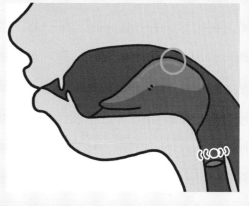

[w] 발음을 할 때의 입술 모양과 혀 위치

다음 단어들의 원어민 음성을 듣고 따라 읽어 보세요.

twins
쌍둥이

twice
두 배로

twelve
열둘(12)

between
~ 사이에

twenty
이십(20)

twist
비틀다

dwell
거주하다

dwindle
줄어늘다

Dwight
남자 이름

dwarf
난쟁이

dwine
여위다

다음 문장들을 듣고 받아쓰기를 해 보세요.

1 There is no need to _____ on something that

happened _____ years ago.

20년 전 일에 연연할 필요가 없습니다. (dwell on: 곱씹다. 되새기다)

2 The _____ babies cried _____ in the last

_____ minutes.

지난 12분 동안 쌍둥이 아기들이 두 번 울었어요.

3 The water in the well is starting to _____.

우물 안의 물이 점점 줄어들기 시작해요.

4 What are you doing _____ eleven and

_____ o'clock?

11시에서 12시 사이에 뭐 할 거예요?

ANSWERS

1 dwell, twenty
2 twin, twice, twelve
3 dwindle
4 between, twelve

4

중간에 있는 t와 d의 'ㄷ' 받침화

단어 안에서 t와 d의 바로 뒤에 r과 w를 제외한 나머지 자음이 따라 나올 때, t와 d는 정확하게 터트리듯 발음하지 않고 마치 우리말 'ㅌ', 'ㄷ', 'ㅅ' 받침처럼 소리를 뚝 끊듯이 발음합니다.

들고 따라 해 보세요

MP3-111

Batman
배트맨

football
축구

fitness
신체 단련, 건강

outside
바깥(에)

greatly
훌륭하게

bad man
나쁜 남자

food court
푸드코트

kidney
신장

bedsheet
홑이불

sadly
애석하게도, 슬피

다음 문장들을 듣고 받아쓰기를 해 보세요.

1   I had _____ _____ when I was a boy.

어렸을 때 배트맨 그림이 있는 홑이불이 있었어요.

2   _____, Jack hurt his back in a _____ center.

애석하게도, Jack은 헬스장에서 허리를 다쳤어요.

3   Would you like to go _____ _____ and play

_____?

밖에 나가서 축구할래요?

4   I _____ appreciate your kindness in giving me one

of your _____.

당신의 신장 중 하나를 제게 주신 것에 대단히 감사드립니다.

ANSWERS

1   Batman, bedsheets
2   Sadly, fitness
3   outside, football
4   greatly, kidneys

다음 대화를 듣고 받아쓰기를 해보세요.

Stella   _____, what a surprise! It's been ages.

Stan   Hey, _____. I haven't seen you in almost _____ years.

Stella   _____, that's _____. Not since the graduation, right?

Stan   Right! You are _____ as beautiful as I remember you.

Stella   Oh, _____ it! How are you doing?

Stan   Well, I don't play _____ anymore. I am a health _____ at the _____ center by the _____ at the mall.

Stella   That's great! Did you marry the girl you were dating since you were a _____?

Stan   I did! We have _____ girls together. They are

almost _____.

Stella   Wow, congrats! They must be lovely.

Stella Stan, 정말 여기서 보다니 놀랍네! 오랜만이야.

Stan   안녕, Stella. 거의 20년 만에 보는 것 같아.

Stella 애석하게도 사실이네. 졸업식 이후로 한 번도 안 봤지?

Stan   맞아! 넌 여전히 내가 기억하고 있는 만큼 아름답구나.

Stella 오, 그만해! 어떻게 지내고 있어?

Stan   음, 이제 더 이상 축구는 안 해. 쇼핑몰 푸드코트 옆에 있는 헬스장에서 트레이너를
하고 있어.

Stella 그거 멋지다! 학생 때부터 사귀던 그 여자애랑은 결혼했어?

Stan   했지! 쌍둥이 딸도 있어. 이제 거의 열두 살 되어 가.

Stella 와 축하해! 정말 예쁘겠다.

ANSWERS

Stella	Stan
Stan	Stella, twenty
Stella	Sadly, true
Stan	still
Stella	stop
Stan	football, trainer, fitness, food court
Stella	student
Stan	twin, twelve

다음 대화를 밑줄 친 단어의 영어 철자 't'와 'd'의 다양한 소리 변화에 유의하면서
자연스럽게 읽어 보세요.

Tim   Hey, Dean. Do you have **time** to **talk**?

Dean   I was in the **middle** of watching a *Batman* movie,
but it's fine. **What's** going on?

Tim   Do you remember I **went** on the camp **trip** to the
mountains?

Dean   Yes, you **told** me you **found** that place on the
Internet.

Tim   **That's right**! Before I **started** hiking, I **got** really
hungry because it was **around twelve** o'clock.
So, I **went** to the **country style restaurant**
at the **entrance** of the **trail**. I **ordered** a **steak**
sandwich because **it looked** juicy on the menu,
but it was **dry** as a rubber when I **took** a **bite**.

Dean   Oh, no.

Tim The **waiter** was so **rude**, **too**. I **asked** for a cup of coffee, but he **brought** me a glass of **water** **instead**. When I **told** him he **got** my **order** wrong, all of a **sudden**, he **started to** glare **at** me. I **didn't** give him a single **dime** as a **tip**.

Dean Wow, what a **bad man**! He should **not** be a **waiter**.

Tim It was the **worst** experience I ever **had**! I will never **forget** this.

Dean However, you have to **try** to move on and **stop** dwelling in the **past**.

Tim 어이, Dean. 얘기할 시간 좀 잠깐 있어?

Dean 〈배트맨〉 영화 보는 중이었는데 괜찮아. 무슨 일 있어?

Tim 내가 산으로 캠핑 갔던 것 기억나?

Dean 응, 인터넷에서 그 장소 찾았다고 너가 말해 줬잖아.

Tim 맞아! 등산하기 전에, 12시가 다 되어서 배가 엄청 고프더라고. 그래서 산길 입구에 있던 시골풍의 음식점에 갔어. 스테이크 샌드위치를 주문했는데, 메뉴판에서는 육집이 가득해 보였거든. 그런데 한 입 먹었더니 고무 씹는 것처럼 말라 있었어.

Dean 오, 이런.

Tim 웨이터가 너무 무례하기도 했어. 난 커피 한 잔 달라고 했는데, 물 한 잔 갖다주더라고. 주문 잘못 받은 것 같다고 얘기하니까, 갑자기 나를 노려보는 거야. 그에게 팁으로 10센트 동전 하나 안 줬어.

Dean 와, 정말 나쁜 사람이다! 그 사람은 웨이터 하면 안 되겠네.

Tim 내 인생 최악의 경험이었어! 절대 잊지 못할 거야.

Dean 그래도 과거에 머물지 말고 앞으로 나아가려는 노력을 해야 해.

영어의
연음
이해하기

다음 대화를 듣고 받아쓰기를 해 보세요.

Jack Please _____. _____

huge headache after I _____ than

_____ _____ _____.

Brittany Oh my, _____ coffee

_____ sometimes.

_____ some?

Jack I think I need more _____ coffee.

I _____ for letting me _____ this.

Brittany Hotdogs for breakfast _____ work

_____. Or maybe popcorn?

Jack That would be great! Can you also _____ some

pills for the headache? It _____

cabinet.

Brittany How many vitamins do you have _____ cabinet?

You just really _____ _____?

You should not drink to the _____

head hurts.

Jack   I won't anymore. _____ guys from

_____ if they _____.

Brittany   Nobody _____?

What a _____!

_____

yesterday, _____

to recover ASAP.

Jack   Anyway, you need to _____ time to

recover.

Brittany   Okay, I _____ to get better soon.

_____ _____ work, see you

_____.

ANSWERS

Jack	help me, I have got a, drank more, five bottles of beer last night
Brittany	I've found out that, helps recover from hangover, Would you like
Jack	than a cup of, hate Dan, drink like
Brittany	next day, best for me
Jack	find me, should be in the
Brittany	in the, love vitamins, don't you, point that your
Jack	I need to ask the, last night, have my bag
Brittany	took care of you, tough fella, If I had known that you got drunk, I would have tried to help you out
Jack	give me some,
Brittany	just wanted you, I got to go to my, next time.

* 해석은 p.217 참고

영어의 연음(linking)

연음은 앞의 단어와 뒤따라오는 단어가 연결되는 소리를 말합니다. 즉, 단어와 단어를 하나로 이어 말하려 할 때 생기는 소리의 변화를 말하죠. 그렇기 때문에 연음은 보통 빨리 말하려고 할 때 자주 일어납니다. 우리에게 모국어인 한국어는 일상생활에서 무수하게 반복적으로 경험하여 연음 현상에 숙달되었기 때문에 지나치게 빨리 말하지 않는 한 빠른 대화에서도 비교적 쉽게 연음을 듣고 이해할 수 있습니다.

하지만 영어는 경험이 부족하고 연음이 일어나는 상황 자체를 모를 때가 많아서 아예 다른 의미로 오역을 하거나 못 알아듣는 경우가 부지기수이죠. 이러한 부분을 극복하려면 영어에서는 어떤 소리들 간에 연음이 일어나는지를 먼저 이해하고 무수한 반복 학습을 통해서 연음이 되는 다양한 영어의 소리 변화에 익숙해져야 합니다.

연음은 절대로 하나가 아니다!

영어의 연음 현상을 이해할 때 가장 중요한 것이 연음은 단순히 한 가지 소리로 변화하는 것이 아니라는 것입니다. 말을 빨리 해서 단어 사이의 연결이 빠르면 빠를수록 영어의 연음도 다양한 형태로 다르게 변화할 수 있습니다.

우리말을 예로 들어보면, 한국어를 공부하는 외국인이 '그냥 = just'라고 배웠습니다. 하지만 한국 사람들은 빠른 속도로 말할 때 '그냥'을 '기냥, *냥' 또는 심지어는 '걍'으로 줄여 말하죠.

정확하고 또렷한 "그냥"이라는 발음에 익숙한 외국인에게 "기냥 해!", "*냥 해" 또는 "걍 해"라고 말하면 쉽게 알아들을 수 있을까요? 무수한 경험을 통해 '그냥'이라는 소리가 '기냥', '*냥', '걍'처럼 바뀌어서 발음될 수 있다는 것을 알아야 정확하게 의미를 이해할 수 있을 것입니다.

한국어 연음 알아듣기

외국인　오우! 나 야쿠 좌알 못해요우!
한국인　(찌증네면서) 야! 인원 모지라! 강 해!

외국인　뭐라구요우? '걍 해'가 뭐예요우?

한국인　그냥 해, 그냥 하라고.
외국인　아해! '그냥'과 '걍'이 같은 말이군요우!

영어도 마찬가지입니다. 원어민이 말하는 속도에 따라서 다양한 소리 변화가 일어날 수 있는 거죠. 예를 들면 a lot of money라는 말이 있습니다. 원어민이 말하는 속도가 빨라질수록 다음과 같이 다양한 소리 변화가 생기게 됩니다.

'얼 랏 어v 머니'

➡ '얼랏터v머니'

➡ '얼라더v머니'

➡ '얼라러머니'

영어 연음 알아듣기

외국인(콧수염 나 있는 중년)
마이슨 해저라러머니.
My son has a lot of money.
(우리 아들은 돈이 많아요.)

한국인 해저라러머니?
What's that?(그게 뭐예요?)

외국인 Oh, my son has
어라러머니(a lot of money).

한국인 어랏, 어머니?
엄마가 여러 명이라구요?
You married many times?
(아저씨 결혼 여러 번 했어요?)

이 일러스트의 사례에서 알 수 있듯이, 빠른 속도의 영어를 알아듣기 위해서는 연음 현상으로 인해 영어의 소리가 얼마만큼 바뀌어도 원래 의미의 범주에 들어가는지를 이해해야 비로소 정확하게 내용을 파악할 수 있습니다.

영어 듣기에서 기본이 되는 연음 현상들은 어떠한 것들이 있는지 지금부터 같이 배워 볼까요?

외국인(짜증남)
Oh, No! my SON HAS 얼 랏 어v 머니.

한국인
아하! Your son is rich!라는 말이었구나!
'얼 랏 어v 머니'와 '얼라러머니'가 같은 말이었네.

외국인
Yes, now you understand!
(네, 이제야 알아듣는군요!)

연음 현상

1

바로 앞의 단어와 이어지는 단어를 한 단어처럼 이어서 말하기

주의해야 할 점은 의미 덩어리 안에서 연이어 나오는 앞 단어의 마지막 철자가 t나 d이고 뒤에 나오는 단어가 모음으로 시작될 경우에는 이어서 말하면 자연스럽게 t, d 부분이 플랩으로 발음되어 마치 우리말 [ㄷ]이나 [ㄹ]처럼 발음됩니다. 예를 들면 원래대로 말하면 Get up!은 '게텁', '겟업'이지만 Get up!을 빠르게 말하면 '게덥'이나 '게럽'처럼 발음이 되기도 하죠.

영어 문장을 말할 때 하나의 '의미 덩어리'로 해석되는 부분들은 중간에 끊지 않고 한 번의 호흡으로 이어서 말하게 됩니다. 이러한 의미 덩어리의 경우, 뒤쪽에 나오는 단어가 모음으로 시작하는 경우에 빠르게 말하면 자연스럽게 앞의 단어와 연이어져 하나의 단어처럼 발음됩니다.

다음 문장들의 밑줄 친 부분을 주의 깊게 듣고 자연스럽게 따라 읽어 보세요.

1 Give up!

포기해!

2 I mean it.

진심이야.

3 I wrapped it up and sent it.

내가 그것을 싸서 보냈어요.

4 What is it?

그게 뭐예요?

5 I can see a lot of people.

많은 사람들이 보이네요.

6 Get out of here / and pick it up!

여기서 나가서 빨리 움직여.
(pick it up: (구어체) 재빠르게 움직이다)

7 Let me think about it.

그것에 대해 생각해 볼게요.

8 I am really sick and tired of it.

나는 그것이 정말 진절머리 나요.

9 I had a chance to get a job.

취직할 기회가 있었어요.

10 Put it on the table / in front of you.

그것을 당신 앞에 있는 테이블 위에 올려놓아요.

11 Let me check it out / and turn it around / to your side.

제가 그것을 확인하고 당신 쪽으로 돌려놓을게요.

12 I tried to go to the store, but I have got to go to my house instead.

그 가게에 가려고 했지만 집에 가야 할 것 같아.

CHAPTER III

2

h-, th-로 시작하는
인칭대명사
및 조동사의
앞 소리 탈락

대명사 he, his, him, her, hers, they, their, them, theirs, 완료시제 조동사 have, has, had 같은 단어들이 문장 중간에 있을 경우에는 처음 나오는 'h' 또는 'th' 발음을 생략하고 앞 단어와 연결하여 하나의 단어처럼 이어서 발음하면 자연스럽게 말할 수 있습니다. 즉, 다음 단어들은 연음이 되어 이어서 말하게 되면 들리는 소리의 차이가 없기 때문에 문장의 맥락을 이해해서 해석해야 합니다.

love her	**lover**
그녀를 사랑하다	애인
but he is	**buddy is**
하지만 그는…	친구는
and he see	**any sea**
그리고 그는 본다	아무 바다
help her VS.	**helper**
그녀를 도와주다	도와주는 사람
support her	**supporter**
그녀를 지지하다	지지자
need him	**need them**
그가 필요하다	그들이 필요하다
She is gone.	**She has gone.**
그녀는 떠났어요.	그녀는 떠나 버렸어요.

다음 대화에서 밑줄 친 부분을 주의 깊게 듣고 자연스럽게 따라 읽어 보세요.

1 I like him and her a lot.

나는 그와 그녀가 엄청 좋아.

2 I want her to help her mother.

나는 그녀가 자기 어머니를 도와주면 좋겠어요.

3 We hate them because they have not done any action when he needed them.

우리는 그가 그들을 필요로 할 때 그들이 어떠한 행동도 하지 않았기 때문에 그들을 싫어해요.

4 She loves her son, but his attitude toward his dad has been too rude for her to overlook his behavior.

그녀는 아들을 사랑하지만, 아들이 자기 아버지에게 보이는 무례한 태도는 그녀가 너그러이 봐줄 수 있는 정도가 아니예요.

5 If I had known that you were there, then I would have come to you.

당신이 거기 있었다는 걸 알았다면, 난 당신에게 갔을 거예요.

CHAPTER III

3

구개음화
현상

영어에도 이와 비슷한 연음 현상이 일어납니다. 앞 단어의 마지막이 [s, z, t, d] 소리로 끝나고 그 뒤에 'y'로 시작되는 단어가 이어지며 빠르게 말할 때는 이 부분의 소리가 [ʃ, ʒ, tʃ, dʒ]로 바뀌게 됩니다.

다음 문장들의 원어민 음성을 들어보고 이러한 소리의 변화를 확인해 볼까요?

우리말에서도 '같이'가 [가치]로 발음되고 '굳이'가 [구지]로 발음되는 것처럼 [ㅌ, ㄷ]을 발음할 때 구개(입 천장) 쪽에서 나는 소리인 [ㅊ, ㅈ]로 바꿔 발음하는 것을 '구개음화'라고 합니다.

다음 문장들의 밑줄 친 부분을 주의 깊게 듣고 자연스럽게 따라 읽어 보세요.

1. [s] + y = [ʃ]

I miss you and want to kiss you before this year ends.

당신이 그립고 올해가 끝나기 전에 당신에게 키스하고 싶어요.

I guess your teacher let you pass your test to give you another opportunity.

너희 선생님이 너에게 한 번 더 기회를 주려고 널 시험에 합격하게 해 주셨나 봐.

2. [z] + y = [ʒ]

Has your daughter noticed who is yelling at her?

당신 딸은 누가 자기한테 소리치는지 눈치챘나요?

She's young, so she wouldn't be able to recognize you.

그녀는 어려서 당신을 알아보지 못할 거예요.

3. [t] + y = [tʃ]

I don't really get you, as a matter of fact, nobody understands the point you are trying to make.

당신을 이해하지 못하겠어. 사실은 아무도 당신이 말하려는 요점을 이해하지 못해.

I bet you he is going to say that your eyes are beautiful.

틀림없이 그는 당신의 눈이 아름답다고 말할 거예요.

4. [d] + y = [dʒ]

Did you hear the rumor about the teacher who told you a lie?

너에게 거짓말한 선생님에 대한 소문을 들었어?

I need your help. Would you please come over here?

당신 도움이 필요해요. 여기로 와 주시겠어요?

CHAPTER III

205

4

th-로 시작되는 단어들의 다양한 연음 현상

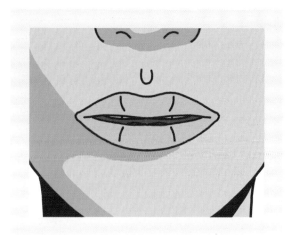

[t, d, n, l]을 발음할 때의 입 모양

① [t, d, n, l] + th-

th-로 시작하는 단어가 [t, d, n, l] 로 끝나는 단어 다음에 나오면 본래의 [t, d, n, l]를 발음할 때의 혀 위치에서 발음하지 않고 혀 앞부분을 th를 발음할 때처럼 앞으로 내민 상태에서 [t, d, n, l]을 발음해야 자연스럽게 이어서 말할 수 있습니다.

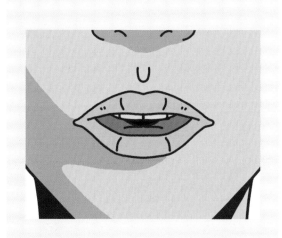

at the, had the, in the, all the의 [t, d, n, l]을 발음할 때의 입 모양

다음 문장들의 원어민 음성을 듣고 자연스럽게 따라 해 보세요.

1 All the people went to the shelter when the hurricane destroyed their town.

허리케인이 그들의 마을을 파괴했을 때 모든 사람들은 대피소로 갔습니다.

2 All the horses in the barn were still there after the tornado.

헛간에 있던 말들은 토네이도가 지나간 후에도 여전히 그곳에 있었어요.

3 That glass vase is dangerously placed on the shelf to the point that it can fall anytime.

저 유리 꽃병이 언제 떨어질지 모를 정도로 위험하게 선반 위에 놓여 있습니다.

4 When the mouse goes down there, can this bird notice it?

쥐가 거기 아래로 갈 때, 이 새가 그 쥐가 오는 걸 알아차릴 수 있을까?

❷ -s + th-

th-로 시작하는 단어가 s로 끝나는 단어 다음에 나올 때 th 부분은 쌍디귿[ㄸ]이나 디귿[ㄷ]처럼 발음하거나 더 빠르게 말하면 th 부분의 발음 자체가 생략됩니다.

다음 문장들의 원어민 음성을 듣고 자연스럽게 따라 읽어 보세요.

1 My dog loves this new organic treat I bought.

내 반려견은 내가 새로 산 유기농 간식을 아주 좋아해요.

2 Is this mine? Or is that mine? I don't know which one is the present I got.

이게 제 거예요? 아니면 저게 제 거예요? 어떤 게 제가 받은 선물인지 모르겠어요.

3 Is there any way I could make up to you?

제가 당신에게 보상할 수 있는 방법이 있을까요?

5

중간에 끼어 있는 [p, b, t, d, k, g]의 연음 현상

1) 3개 이상의 자음이 이어질 때

3개 이상의 자음이 이어져서 발음될 때 중간에 끼어 있는 [p, b, t, d, k, g]는 빠르게 말하면 발음되지 않습니다.

MP3-122

다음 문장들의 원어민 음성을 듣고 자연스럽게 따라 읽어 보세요.

1 The symptom you're experiencing means that your liver is taking a lot of risks.

당신이 겪고 있는 증상은 당신의 간이 많은 위험을 감수하고 있다는 것을 의미해요.

2 All the artists around me love to meditate in forests.

제 주변의 모든 예술가들은 숲에서 명상하는 것을 좋아합니다.

3 Why don't you ask the police what happened at the party last Christmas?

지난 크리스마스에 무슨 일이 있었는지 경찰에게 물어보는 게 어때요?

예외 ✅
spr, str, scr가 있는 단어들은 모든 소리를 정확하게 발음해야 합니다.

strong, **str**ipe, **scr**ap,
script, **spr**ay, **spr**ite

CHAPTER III

2) 단어 중간에 [p, b, t, d, k, g]가 있을 때

단어 중간이나 단어 사이에 끼어 있는 [p, b, t, d, k, g]는 소리를 터트리듯이 발음하지 않고 [p, b]는 우리말 비읍 'ㅂ' 받침처럼, [t, d]는 디귿 'ㄷ' 받침처럼, [k, g]는 기역 'ㄱ' 받침처럼 발음하면 자연스럽게 이어 말할 수 있습니다.

듣고 따라 해 보세요

MP3-123

다음 문장들의 원어민 음성을 듣고 자연스럽게 따라 읽어 보세요.

1 I had popcorn for breakfast with my dogs.

아침 식사로 개들과 함께 팝콘을 먹었어요.

2 Can you help me find my camera? I don't know who robbed it.

제 카메라 찾는 것 좀 도와주시겠어요?
누가 훔쳤는지 모르겠어요.

3 I hate my mom for throwing my *Batman* movie DVDs away.

내 〈배트맨〉 영화 DVD들을 버려서 엄마가 정말 싫어요.

6

같은 자음이
연이어 나오게 되면
한 번만 발음하기

앞 단어의 마지막 자음과 다음 단어의 처음 자음이 동일한 소리일 경우에는 각 발음을 두 번 하지 않고 한 번만 발음하면 자연스럽게 이어서 말할 수 있습니다.

MP3-124

다음 문장들의 원어민 음성을 듣고 자연스럽게 따라 읽어 보세요.

1 I want to go visit my cousin's cottage in the mountains this spring.

올 봄에 산에 있는 사촌의 별장에 가고 싶어요.

2 Judge James had doughnuts delivered to the police station.

James 판사는 경찰서로 도넛을 배달시켰습니다.

3 I stopped by the fish shop before going to the gas station so that my son can learn how to take care of pet fish.

아들이 애완 물고기를 돌보는 법을 배울 수 있도록 주유소에 가기 전에 물고기 가게에 들렀습니다.

CHAPTER III

211

단어의 마지막 소리와 다음 단어의 첫 소리 중 뒤의 첫소리만 발음하는 경우

영어 문장을 빠르게 말할 때 우리나라 사람들이 가장 알아듣기 어려운 부분이 바로 다음과 같이 앞 단어의 마지막 소리가 없어지고 뒷 단어의 첫소리만 발음하면서 하나의 덩어리로 이어서 말하는 경우입니다. 지금부터 어떠한 상황에서 이러한 연음이 일어나는지 확인해 볼까요?

1) 유성음과 무성음 차이만 있는 2개의 자음을 연이어 발음할 때

영어에는 발음할 때 성대의 울림이 없는 무성음과 울림이 있는 유성음이 있습니다.

무성음과 유성음을 확인하는 방법은 아주 간단합니다. 손으로 앞쪽 목을 누른 상태에서 영어 발음들을 따라 해 보면서 성대가 울리는지 아닌지를 직접 확인해 보면 됩니다.

다음 표에서 보는 것처럼 일부 자음들은 발음하는 원리는 동일하지만 성대가 울리는지 아닌지, 즉 무성음인지 유성음인지에 따라서 다른 의미의 소리가 됩니다.

MP3-125

소리 비교: 무성음 vs. 유성음

무성음	[p]	[t]	[k]	[f]	[s]	[θ]	[ʃ]	[tʃ]
(성대가 울리면)	↓	↓	↓	↓	↓	↓	↓	↓
유성음	[b]	[d]	[g]	[v]	[z]	[ð]	[ʒ]	[dʒ]

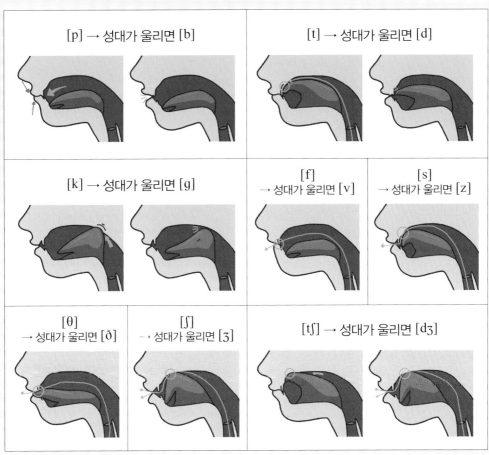

	[p] → 성대가 울리면 [b]		[t] → 성대가 울리면 [d]
	[k] → 성대가 울리면 [g]	[f] → 성대가 울리면 [v]	[s] → 성대가 울리면 [z]
	[θ] → 성대가 울리면 [ð]	[ʃ] → 성대가 울리면 [ʒ]	[tʃ] → 성대가 울리면 [dʒ]

무성음과 유성음 발음의 비교

MP3-126

무성음	유성음	무성음	유성음
[p] p̲ie 파이	[b] b̲uy 사다	[s] s̲ue 고소하다	[z] z̲oo 동물원
[t] t̲ie 묶다	[d] d̲ie 죽다	[θ] th̲igh 넓적다리	[ð] th̲y 그대의
[k] c̲ame 왔다	[g] g̲ame 게임	[ʃ] rus̲h 서두르다	[ʒ] rouge̲ 볼 연지
[f] f̲ace 얼굴	[v] v̲ase 꽃병	[tʃ] c̲hoke 숨이 막히다	[dʒ] j̲oke 농담

CHAPTER III

발음을 할 때 유성음/무성음의 차
이만 있는 비슷한 소리들 [p, b],
[t, d], [k, g], [f, v], [s, z], [θ, ð]
[ʃ, ʒ], [tʃ, dʒ]가 이어서 나올 경우
에는 두 소리 중 뒤에 나오는 자음
만 발음하면 자연스럽게 말할 수
있습니다.

다음 문장들의 원어민 음성을 듣고 자연스럽게 따라
읽어 보세요.

1   I've found out that he plans
    to grab pizzas the next day.

    저는 그가 다음날 피자를 먹을 계획이라는 것을
    알게 되었습니다.

2   I want doughnuts for lunch,
    but I have to teach James
    that donuts are not nutritious.

    점심으로 도넛을 먹고 싶은데, 제가 James에게 도넛이
    영양가가 없다는 것을 가르쳐야 한답니다.

3   Sarah wanted to go to the
    massage shop with them.

    Sarah는 그들과 함께 마사지 샵에 가고 싶어 했어요.

2) 매우 비슷한 위치에서 발음되는 소리들이 연이어 나올 때

영어의 자음에서 비슷한 위치에서 발음되는 자음이 2개가 연이어 나올 경우, 빠르게 말하면 정확하게 두 소리를 발음할 수 있는 여유가 없어집니다. 이때는 뒤에 나오는 소리만 발음하면 자연스럽게 말할 수 있습니다.

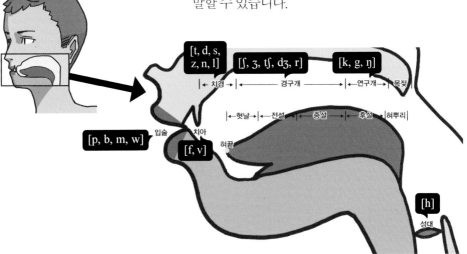

들고 따라 해 보세요

MP3-128

다음 문장들의 원어민 음성을 듣고 자연스럽게 따라 읽어 보세요.

1   We need to teach Shane how to put on tennis shoes in a proper way.

우리는 Shane에게 테니스화를 제대로 신는 법을 가르쳐야 해요.

2   Can you give me five bottles of beer before you go?

가기 전에 맥주 다섯 병만 주시겠어요?

3   If our cruise ship starts to sink, please save me.

만약 우리 유람선이 가라앉기 시작한다면 제발 저를 구해 주세요.

원어민의 음성을 듣고 밑줄 친 연음 부분을 신경 쓰면서 자연스럽게 읽어 보세요.

Jack Please <u>help me</u>. <u>I have got a</u> huge headache after
I <u>drank more</u> than <u>five bottles</u> <u>of beer</u> <u>last night</u>.

Brittany Oh my, <u>I've found out that</u> coffee <u>helps recover from</u>
<u>hangover</u> sometimes. <u>Would you like</u> some?

Jack I think I need more <u>than a cup of</u> coffee. I <u>hate Dan</u> for
letting me <u>drink like</u> this.

Brittany Hotdogs for breakfast <u>next day</u> work <u>best for me</u>.
Or maybe popcorn?

Jack That would be great! Can you also <u>find me</u> some pills for
the headache? It <u>should be in the</u> cabinet.

Brittany How many vitamins do you have <u>in the</u> cabinet? You just
really <u>love vitamins</u>, <u>don't you</u>? You should not drink to the
<u>point that your</u> head hurts.

Jack I won't anymore. <u>I need to ask the</u> guys from <u>last night</u>
if they <u>have my bag</u>.

Brittany   Nobody <u>took care of you</u>? What a <u>tough fella</u>!
If I had known that you got drunk yesterday, <u>I would have</u>
<u>tried to help you out</u> to recover ASAP.

Jack   Anyway, you need to <u>give me some</u> time to recover.

Brittany   Okay, I <u>just wanted you</u> to get better soon. <u>I got to go to my</u>
work, see you <u>next time</u>.

Jack	나 좀 도와줘. 어젯밤에 맥주를 다섯 병 넘게 마셨더니 머리가 너무 아파.
Brittany	이런, 커피가 가끔 숙취에 도움이 된다고 하더라. 좀 마실래?
Jack	커피 그 이상이 필요할 것 같아. 내가 이렇게 술을 마시게 내버려둔 Dan이 미워.
Brittany	나는 다음 날 아침 식사로 핫도그가 가장 좋더라고. 아니면 팝콘이라도?
Jack	그게 좋겠다! 두통약 좀 찾아줄 수 있어? 캐비닛에 있을 거야.
Brittany	캐비닛에 비타민이 얼마나 많이 있는 거야? 넌 비타민을 정말 좋아하는구나, 안 그래? 머리가 아플 정도로 마시면 안 돼.
Jack	앞으로는 안 그러려고. 어젯밤에 만난 애들에게 내 가방 가지고 있는지 물어봐야 해.
Brittany	아무도 널 돌봐주지 않았다는 거야? 정말 터프한 친구구나! 내가 어제 네가 술 취한 걸 알았다면 가능한 한 빨리 회복되게 도와주려 했을 텐데.
Jack	어쨌든 너 나한테 회복할 시간을 좀 줘야 해.
Brittany	알겠어, 빨리 나아지길 바랄게. 난 일하러 가야 해서 다음에 봐.

CHAPTER
IV

실 전 훈 련

그동안 배웠던 발음, 연음, 억양, 끊어 읽기, 리듬에 대한 개념을
다양한 지문을 통해 직접 확인하면서 적용해 보겠습니다.
먼저 각 문장별로 끊어 읽는 부분을 확인하고, 끊어 읽는 마디에
맞춰서 억양은 어떻게 해야 할지 체크합니다. 그리고 영어식 리
듬감으로 강약과 장단을 조절해야 할 부분을 체크합니다.
그 다음에 천천히 한 문장씩 읽어 보면서 원어민과 음성 차이를
비교하며 들어보고 원어민의 소리와 여러분의 소리가 다른 부분
들을 체크합니다.
마지막으로 원어민 음성을 듣고 0.5초 뒤에 따라 말하는 섀도잉
을 연습하면서 원어민 악센트를 체화하는 훈련을 합니다.

참고로 남자 성우가 읽은 부분은 섀도잉 훈련을 할 때, 여자 성우
가 읽은 부분은 보통 원어민들의 속도를 체화하기에 좋습니다.

1

이솝우화,
《우유 짜는 소녀와 들통》

Aesop Fables,
"The milkmaid and her pail"

Dolly, the milkmaid, had been out to milk the cows and was returning from the farm with the full milk pail balanced nicely on her head. The milk that she acquired was especially rich and creamy. As she walked along, Dolly let her imagination run free. Dolly thought of churning the milk into creamy butter, and taking it to the market to sell. Then, Dolly would buy a few chickens from the neighbor with the money she'd get, thinking they would lay lots of eggs. She imagined it would be great if her yard was full of fine young chicks, and selling them at the town fair. With all the money she gets, she'd buy a lovely new dress.

Then, Dolly would wear her new dress and dance at the ball. She twirled and twirled as if she was dancing. Bam! Down fell the pail of milk on the ground. And with it vanished butter, chickens, eggs, chicks, her lovely new dress, and all her dreams.

What is, the moral of this story? Do not count your chickens before they are hatched.

우유 짜는 소녀 Dolly는 젖소의 젖을 짜러 나갔다가 가득 찬 우유통을 머리에 잘 얹어 농장에서 돌아오고 있었어요. 그녀가 얻은 우유는 맛이 특히 풍부하고 크림 같았죠. Dolly는 걸어가면서 상상의 나래를 펼쳤어요.

Dolly는 우유를 휘저어서 크림 같은 버터를 만들어 시장에 가져가 팔 생각을 했어요. 그런, 버터를 판 돈으로 Dolly는 이웃한테서 닭을 몇 마리 살 수 있을 것이고, 그 닭들이 알을 많이 낳을 거라고 생각했어요. 그녀는 마당이 건강하고 어린 병아리들로 가득 차서 마을 축제 날에 그 병아리들을 팔면 좋겠다고 상상했어요. 그렇게 번 돈으로 예쁜 새드레스를 장만하려 했어요.

그럼 Dolly는 새 드레스를 입고 무도회에서 춤을 출 수 있겠죠. 그녀는 마치 춤을 추듯 빙글빙글 돌았어요. 쾅! 우유통이 땅에 떨어졌어요. 그리고 우유와 함께 버터, 닭, 알, 병아리, 예쁜 새 드레스와 그녀의 모든 꿈이 사라졌어요. 이 이야기의 교훈은 무엇일까요? 떡 줄 사람은 생각하지도 않는데 김칫국부터 마시지 말라는 것이죠.

Dolly, / the milkmaid, / **had been** out / to **milk the** cows /

and was returning **from the** farm / **with the** full milk pail /

balanced nicely / **on her** head. // The milk / **that she** acquired /

was especially rich / and creamy. // **As she** walked along, / Dolly

let her imagination run free. //

Dolly **thought of churning the** milk / into creamy butter, / and

taking it to the market / to sell. // Then, / **Dolly would** buy a few

chickens / **from the** neighbor / **with the** money / she'd get, / thinking

they would lay / **lots of** eggs. // She imagined / **it would be** great /

if her yard / was **full of** fine young chicks, / and **selling them** / **at the**

town fair. // **With all the** money / she gets, / she'd **buy a** lovely new

dress. //

Then, / **Dolly would wear her** new dress / and **dance at the** ball. //

She twirled / and twirled / **as if she was** dancing. // Bam! //

Down **fell the pail of** milk / **on the** ground. // And / **with it** vanished

butter, / chickens, / eggs, / chicks, / her lovely new dress, / and **all her**

dreams. //

What is, / the **moral of this** story? // Do not **count your** chickens /

before they are hatched. //

핵심 포인트

1 두 단어가 이어지며 중간에 끼어 있는 자음 소리가 탈락되는 경우

> milkmaid, milk the cows, and was, milk pail,
>
> balanced nicely, vanished butter

count your: ① count your는 중간의 소리를 생략하고 말하거나,
② 't' + 'y' = ch[tʃ]로 구개음화되어 'your' 부분을 [tʃər]로도 발음할 수 있습니다.

2 두 개의 연이어 나오는 소리 중 뒤의 소리만 발음하는 경우

> with the, as she, and dance

3 문장 중간에 있는 대명사 단어의 첫 글자 'h' 발음을 생략하고 이어서
말하는 경우

> on her, let her, if her, wear her, all her

4 마지막이 t, d, n, l로 끝나고 그 다음에 th-로 시작되는 단어가 나올 때
자연스럽게 이어 말하는 경우

> at the, all the, fell the, on the

CHAPTER IV

The Honest Woodman

Once upon a time, there lived a poor lumberjack who worked hard to make a living for his family. Every day he would go to the forest with his sharp axe made of steel over his shoulder dreaming about getting rich someday and stopping logging. One day after several hours of wielding an axe, the lumberjack leaned his axe against an old tree by a small pond to take a break. But he tripped over and before he could catch it, his axe slid down and dropped into the pond. The steel axe was far too deep in the pond to reach. "Oh no! What will I do now?" Just as the lumberjack was crying, a beautiful water fairy of the pond appeared to the surface. "Perhaps one of these is the axe you lost?" she asked holding a golden axe and a silver axe. The lumberjack thought of all the fine things he could buy for him and his family with all that gold and silver! "Hand both of them over! If you don't give them to me, my family and I will drain this pond and fill up the dry pond with rocks!" he yelled. "Oh no! Please, this is my home!" the fairy cried. The water fairy had no choice but to hand over all the axes.

And that evening the lumberjack went home with all the axes on his shoulder, whistling happily as he thought of coming back for more. Suddenly, the golden axe and the silver axe turned into stone axes. The stone axe heads unlatched, dropped, and broke both of his feet! It was all of the lumberjack's bad karma.

옛날 옛적에 가족을 위해 열심히 일하는 가난한 나무꾼이 살았습니다. 매일 그는 언젠가 부자가 되어 벌목을 그만두는 꿈을 꾸며 강철로 만든 날카로운 도끼를 어깨에 짊어지고 숲에 가곤 했습니다.

어느 날 몇 시간 동안 도끼를 휘두르고 나서 나무꾼은 휴식을 취하려고 도끼를 작은 연못 옆의 고목나무에 기대어 놓았습니다. 하지만 그가 발을 헛디뎌 미처 잡기도 전에, 그의 도끼가 미끄러져 연못으로 떨어졌습니다. 강철 도끼는 연못 깊숙이 빠져 손이 닿을 수 없었습니다. "오 이런! 이제 어떻게 하지?" 나무꾼이 울고 있을 때, 연못에 사는 아름다운 물의 요정이 수면 위로 나타났습니다. "아마 당신이 잃어버린 도끼가 이것들 중 하나겠죠?" 그녀가 금도끼와 은도끼를 들고 물었습니다. 나무꾼은 자신과 가족을 위해 금과 은으로 살 수 있는 모든 좋은 것들을 생각했습니다. "둘 다 넘겨요! 당신이 그 도끼들을 내게 주지 않는다면, 나와 내 가족이 이 연못의 물을 모두 빼서 마른 연못에 바위를 채워버릴 거요!"라고 소리를 질렀어요. "오, 안 돼요! 제발 여긴 내 집이에요!" 요정이 외쳤습니다. 물의 요정은 어쩔 수 없이 모든 도끼를 넘겨줬습니다.

그날 저녁 나무꾼은 더 많은 것들을 가지고 돌아올 것을 생각하면서 행복하게 휘파람을 불며 어깨에 모든 도끼를 메고 집으로 갔습니다. 그러다 갑자기 금도끼와 은도끼가 돌도끼로 바뀌었습니다. 돌도끼 머리가 풀어지고 떨어져서 그의 두 발이 모두 부러졌습니다! 이게 모두 나무꾼의 나쁜 업보였습니다.

Once **upon a** time, / there **lived a** poor lumberjack / who worked hard /
to **make a** living / **for his** family. // Every day / **he would go to the** forest
/ **with his** sharp axe / **made of** steel / **over his** shoulder /
dreaming about getting rich someday / and stopping logging. //
One day after / several hours / of **wielding an** axe, / the lumberjack
leaned his axe / **against an** old tree / **by a** small pond / to **take a**
break. // But he **tripped over** / and **before he could** catch it, / his axe
slid down / and **dropped into the** pond. // The steel axe / was far too
deep / **in the** pond / to reach. // "Oh no! // What **will I** do now?" //
Just as the lumberjack was crying, / a beautiful water **fairy of the**
pond / **appeared to the** surface. // "Perhaps **one of these** / **is the** axe
/ you lost?" // she asked / **holding a** golden axe / **and a** silver axe. //
The lumberjack thought of **all the** fine things / **he could** buy **for him** /
and his family / with **all that** gold / and silver! // "**Hand both of**
them over! // **If you** don't **give them to me**, / my **family and I** / will
drain this pond / and **fill up the** dry pond / with rocks!" / he yelled. //
"Oh no! // Please, / **this is my** home!" / the fairy cried. // The water fairy
had no choice / **but to hand over** / **all the** axes. //
And that evening / the lumberjack went home / **with all** the axes /
on his shoulder, / whistling happily / **as he thought of** coming back
/ for more. // Suddenly, / the golden axe / **and the** silver axe / **turned**
into stone axes. // The stone axe heads unlatched, / dropped, / and
broke **both of his** feet! // **It was all of the** lumberjack's bad karma. //

발음 포인트

MP3-133

1   두 단어가 이어지며 중간에 끼어 있는 자음 소리가 탈락되는 경우

> worked hard, and stop, and dropped, appeared to,
>
> and silver, hand both, went home, and broke

2   두 개의 연이어 나오는 소리 중 뒤의 소리만 발음하는 경우

> of wielding, slid down, but to

3   문장 중간에 있는 대명사 단어의 첫 글자 'h' 발음을 생략하고
    이어서 말하는 경우

> for his, with his, over his, leaned his, but he,
>
> before he, for him, and his, on his, as he, both of his

4   마지막이 t, d, n, l로 끝나고 그 다음에 th-로 시작되는 단어가 나올 때
    자연스럽게 이어 말하는 경우

> in the, all the, all that, drain this, and that

5   구동사(동사+부사)로 강세가 뒤쪽의 부사에 오고 하나로 이어서 말하는 경우

> tripped over, slid down, fill up, hand over

CHAPTER IV

Casual Self Introduction

My name is James and I am from Bloomington, Illinois. It's not a big place, but it has its charms and it's also where I finished my schooling.

I love watching movies and going to musicals, which I go to at least once a month. And I am pretty active as well, because I am a member of the local soccer club and I play every weekend. I also like going to the libraries. I don't necessarily study there, but I like the smell of the books, the atmosphere, and the architecture. Please don't think I'm weird though, because I'm just an aspiring architect.

I am excited to step into college life, which is basically another chapter of my life. I look forward to having fun, making friends, and maybe, recruiting new members for my soccer club. And of course, studying and learning new skill with you, too! I hope we can get acquainted soon enough. Thanks.

제 이름은 James이고 일리노이 주 블루밍턴에서 왔습니다. 큰 곳은 아니지만 나름대로 매력이 있는 곳이고 제가 학교를 마친 곳이기도 하죠.

저는 영화 보는 것과 뮤지컬 보러 가는 걸 좋아하는데, 못해도 한 달에 한 달은 보러 갑니다. 그리고 지역 축구 동호회(조기축구) 회원이기도 하고 주말마다 축구를 하기 때문에 꽤 활동적이라고 말할 수 있겠네요. 저는 도서관에 가는 것도 좋아합니다. 꼭 거기서 공부를 하는 것은 아니지만 책 냄새, 분위기, 건축물 자체를 좋아해요. 하지만 제가 이상하다고 생각하지 말아 주세요. 저는 단지 건축가가 되고 싶을 뿐이니까요.

기본적으로 제 인생의 또 다른 한 챕터인 대학 생활에 발을 들여놓게 되어 기쁩니다. 앞으로 즐거운 시간을 보내고, 친구들을 사귀고, 제 축구 동호회에 새로운 회원들을 모집할 수 있기를 고대하겠습니다. 그리고 물론, 동기들과 함께 새로운 기술을 공부하고 배우는 것도요! 우리가 빨리 친해졌으면 좋겠네요. 감사합니다.

발음 분석

MP3-134

My **name is** James / **and I am from** Bloomington, / Illinois. // It's **not a**

big place, / but it **has its** charms / **and it's** also **where I finished my**

schooling. //

I love watching movies / and **going to** musicals, / **which I** go to / at least

once a month. // **And I am** pretty active as well, / **because I am a**

member / of the local soccer club / **and I** play every weekend. // I also

like **going to the** libraries. // I don't necessarily study there, /

but I **like the** smell **of the** books, / the atmosphere, / **and the**

architecture. // Please / don't think / I'm weird though, /

because I'm just an aspiring architect. //

I am excited / to **step into** college life, / **which is** basically another

chapter / **of my** life. // I look **forward to** having fun, / making friends, /

and maybe, / recruiting new members / **for my** soccer club. // **And of**

course, / **studying and** learning new skill / **with you**, too! // I hope /

we can get acquainted soon enough. // Thanks. //

발음 포인트

MP3-135

1 두 단어가 이어지며 중간에 끼어 있는 자음 소리가 탈락되는 경우

> finished my, and going to, at least once,
>
> don't necessarily, and the architecture, don't think,
>
> look forward to, and maybe, and learning

2 두 개의 연이어 나오는 소리 중 뒤의 소리만 발음하는 경우

> love watching, of my life

3 마지막이 t, d, n, l로 끝나고 그 다음에 th-로 시작되는 단어가 나올 때 자연스
  럽게 이어 말하는 경우

> and the, don't think, weird though

CHAPTER IV

Things that I like

There are many things that I like; but the ones I like the most are friendship and festivals.

Friendship is generally considered an important value to many people. But what makes friendship special to me? Good friends are absolutely important to my mental health and to the quality of my life. Friends help me deal with stress, make better lifestyle choices, and of course make loads of memories whether they are good, bad, sad or embarrassing. Additionally, a true friendship is based on mutual respect, gratitude, and affection. I believe it gives me the opportunity to love, to learn about myself and to mature as a human being.

Another thing I like is a festival. I believe all festivals become one of the best memories. I believe festivals give people a chance to take a break from their frantic lives and have fun. However, not all festivals are about fun, but they also teach us moral values and togetherness. Festivals help spread the message of love, peace, and culture. Also, big festivals offer economic and social benefits to communities. They boost economy by attracting visitors and creating job positions.

제가 좋아하는 것은 많지만, 그중에서 가장 좋아하는 것은 우정과 축제입니다. 우정은 일반적으로 많은 사람들에게 중요한 가치로 여겨집니다. 하지만 무엇 때문에 저는 우정을 특별하게 여길까요? 좋은 친구는 저의 정신 건강과 삶의 질에 절대적으로 중요합니다. 친구는 제가 스트레스를 조절하게 도와주고, 더 나은 생활방식을 만들도록 하며, 좋든 나쁘든, 슬프든 창피하든 간에 많은 추억을 만들어 줍니다. 게다가 진정한 우정은 상호 존중, 감사, 애정에 기반을 두고 있습니다. 저는 우정이 나를 사랑하고 나 자신에 대해 배울 수 있고 인간으로서 성숙해질 수 있는 기회를 준다고 생각합니다.

제가 좋아하는 또 다른 것은 축제입니다. 저는 모든 축제가 최고의 추억 중 하나가 된다고 생각합니다. 축제가 사람들에게 광란의 삶에서 벗어나 휴식을 취하고 즐길 수 있는 기회를 준다고 생각합니다. 하지만 모든 축제가 재미에 관한 것이 아닙니다. 축제는 도덕적 가치와 연대감을 가르쳐 주기도 합니다. 축제는 사랑, 평화, 문화의 메시지를 전파하는 것을 돕습니다. 또한 큰 축제는 지역 사회에 경제적, 사회적 이익을 제공합니다. 방문객을 유치하고 일자리를 창출하여 경제를 활성화시킵니다.

MP3-136

There are many things that I like; / but the ones, I like the most / are friendship / and festivals. //

Friendship is generally considered / an important value / to many people. // But what makes friendship special to me? //

Good friends are absolutely important / to my mental health / and to the quality / of my life. // Friends help me deal with stress, / make better lifestyle choices, / and of course / make loads of memories / whether they are good, / bad, / sad / or embarrassing. // Additionally, / a true friendship / is based on mutual respect, / gratitude, / and affection. // I believe / it gives me the opportunity / to love, / to learn about myself / and to mature / as a human being. //

Another thing / I like / is a festival. // I believe / all festivals become / one of the best memories. // I believe / festivals give people a chance / to take a break / from their frantic lives / and have fun. // However, not all festivals are about fun, but they also teach us / moral values / and togetherness. // Festivals help spread the message / of love, / peace, / and culture. // Also, / big festivals offer / economic / and social benefits / to communities. // They boost economy / by attracting visitors / and creating job positions. //

발음 포인트

1 두 단어가 이어지며 중간에 끼어 있는 자음 소리가 탈락되는 경우

> an~~d~~ to, hel~~p~~ me, be~~st~~ memories, hel~~p~~ spread

2 두 개의 연이어 나오는 소리 중 뒤의 소리만 발음하는 경우

> o~~f~~ my, o~~f~~ memories, gi~~ve~~ people, ha~~ve~~ fun

3 마지막이 t, d, n, l로 끝나고 그 다음에 th-로 시작되는 단어가 나올 때 자연스 럽게 이어 말하는 경우

> bu**t th**e, bu**t th**ey, sprea**d th**e

CHAPTER IV

5
실어하는 것

Things I dislike

There are many things that I dislike, but the ones I dislike the most are allergies and noise.

Having an allergy makes life so miserable, especially during pollen season. There is only a limited dose of allergy medication one can take, so if the medicine wears off everything becomes a total disaster. Watery eyes, runny nose, itchy throat and non-stop sneezing are not only the cause of fatigue and drowsiness, but also a reason to be falsely accused of being sick and contagious. It is exhausting to constantly explain my condition and apologize for my symptoms to people around me.

Noise is a great disturbance for me since I have a keen sense of hearing. This is why I don't like living in a big city and try to live on the outskirts. In a city, vehicles run 24/7 causing noise and air pollution. On top of that, thousands of people living close to one another only add on to the noise level. So, one thing I am grateful for nowadays is my noise-canceling earphones.

제가 싫어하는 것들은 많지만, 가장 싫어하는 것은 알레르기와 소음입니다.
알레르기가 있으면 특히 꽃가루 철에 삶이 매우 비참해집니다. 복용할 수 있는
알레르기 약의 복용량은 한정되어 있기 때문에 약효가 떨어지면 모든 것이
재앙이 됩니다. 눈물 젖은 눈, 흐르는 콧물, 가려운 목, 멈추지 않는 재채기는
피로와 나른함의 원인일 뿐만 아니라, 아프고 전염성이 있을 것이라는 누명을
쓰게 되는 이유기도 합니다. 주변 사람들에게 끊임없이 제 상태를 설명하고
제 증상에 대해 사과하는 것은 피곤한 일입니다.

저는 청각이 예민해서 소음이 큰 방해입니다. 이래서 대도시에서 사는 것이
싫고 외곽에서 살려고 하는 것입니다. 도시에서는 차량이 항상 운행되어
소음과 대기 오염을 유발합니다. 게다가 수천 명의 사람들이 서로 엉겨
살고 있어서 소음 수준이 더 높아질 뿐입니다. 그래서 요즘 제가 감사하게
생각하는 것이 바로 제 소음 방지 이어폰입니다.

MP3-138

There are many things / that I dislike, / but the ones / I dislike the most / are allergies / and noise. //

Having an allergy / makes life so miserable, / especially during pollen season. // There is only a limited dose / of allergy medication / one can take, / so if the medicine wears off / everything becomes a total disaster. // Watery eyes, / runny nose, / itchy throat / and non-stop sneezing / are not only the cause of fatigue / and drowsiness, / but also a reason / to be falsely accused of being sick / and contagious. // It is exhausting / to constantly explain my condition / and apologize for my symptoms / to people around me. //

Noise is a great disturbance / for me / since I have a keen sense of hearing. // This is why I don't like / living in a big city / and try to live on the outskirts. // In a city, / vehicles run 24/7 / causing noise / and air pollution. // On top of that, / thousands of people / living close to one another / only add on to the noise level. // So, one thing / I am grateful / for nowadays / is my noise-canceling earphones. //

발음 포인트

1 두 단어가 이어지며 중간에 끼어 있는 자음 소리가 탈락되는 경우

> and non-stop, and contagious, and try

2 두 개의 연이어 나오는 소리 중 뒤의 소리만 발음하는 경우

> limited dose, of fatigue, and drowsiness, of being,
>
> great disturbance, of people

3 마지막이 t, d, n, l로 끝나고 그 다음에 th-로 시작되는 단어가 나올 때 자연스럽게 이어 말하는 경우

> but the, on the

4 구동사(동사+부사)로 강세가 뒤쪽의 부사에 오고 하나로 이어서 말하는 경우

> wears off, add on

CHAPTER IV

6

자기소개
(비즈니스)

Self Introduction in Business

Hello sir and madam, I am Jamie Curtis from Victoria, Canada. I completed my bachelor's degree and master's degree in marketing, as well as business, from ABC University.
I have been working as an International Marketer at a renowned advertising company for 6 years now, in which I worked my way up from the position of Marketing Specialist to Marketing Manager within 4 years. I have a thorough understanding of marketing planning and business development, and I have been mostly involved in establishing effective interfirm and customer relationships internationally. Through many unique overseas projects, I have also developed a superior understanding of ins and outs of advertising operations in my journey from a novice to a manager. My excellent interpersonal skills also helped me carry out the responsibility of leading and managing marketing personnel.
I am confident that my qualifications and work experience make me a suitable candidate for the position. I am looking forward to joining your organization to explore and further develop my skillset. Thank you.

안녕하세요, 담당자님, 저는 캐나다 빅토리아 주에서 온 Jamie Curtis입니다.
저는 ABC대학교에서 마케팅 및 경영학 학사와 석사 학위를 취득했습니다.
저는 현재 유명 광고회사에서 6년째 국제 마케터로 일하고 있으며, 마케팅
직원에서 마케팅 매니저로 불과 4년 만에 승진했습니다. 마케팅 기획과 사업
전개에 대해 철저히 이해하고 있으며, 국제적으로 기업 및 고객 간의 효과적인
관계를 구축하는 데 주로 관여해 왔습니다. 또한 다양하고 독특한 해외
프로젝트를 통해 신입사원에서 매니저로 승급하는 과정에서 광고 운영의
안팎을 속속들이 알기 위한 이해력을 키워 왔습니다. 저의 뛰어난 대인관계
능력도 마케팅 인력의 인솔과 관리 책임을 수행하는 데 도움이 되었습니다.
저는 저의 자질과 경력에 의거해 그 자리에 적합한 지원자라고 자부합니다.
귀사에 입사하여 제 실력을 더 발전시키고자 합니다. 감사합니다.

MP3-140

Hello sir / and madam, / I am Jamie Curtis / from Victoria, / Canada. // I completed my bachelor's degree / and master's degree / in marketing, / as well as business, from ABC University. // I have been working / as an International Marketer / at a renowned advertising company / for 6 years now, / in which / I worked my way up / from the position of Marketing Specialist / to Marketing Manager / within 4 years. // I have a thorough understanding / of marketing planning / and business development, / and I have been mostly involved / in establishing effective interfirm / and customer relationships internationally. // Through many unique overseas projects, / I have also developed / a superior understanding / of ins and outs of advertising operations / in my journey / from a novice to a manager. // My excellent interpersonal skills / also helped me carry out the responsibility / of leading / and managing marketing personnel. //

I am confident / that my qualifications / and work experience / make me a suitable candidate / for the position. // I am looking forward to joining your organization / to explore / and further develop my skillset. // Thank you. //

발음 포인트

1 두 단어가 이어지며 중간에 끼어 있는 자음 소리가 탈락되는 경우

> an~~d~~ master's, wor~~ked~~ my, an~~d~~ business, hel~~ped~~ me,
> an~~d~~ work, an~~d~~ further

2 두 개의 연이어 나오는 소리 중 뒤의 소리만 발음하는 경우

> I ha~~ve~~ been, o~~f~~ marketing, forwar~~d~~ to

3 문장 중간에 있는 완료시제 조동사의 첫 글자 'h' 발음을 생략하고 이어서 말하는 경우

> I ~~h~~ave been, I ~~h~~ave also developed

4 마지막이 t, d, n, l로 끝나고 그 다음에 th-로 시작되는 단어가 나올 때 자연스럽게 이어 말하는 경우

> carry ou~~t th~~e

CHAPTER IV

7
장점과 단점
(면접)

Strengths and Weaknesses (in a Job Interview)

I can observe any situation from multiple perspectives, which makes me uniquely qualified to complete given task even under challenging situations. I believe that this trait helps to solve problems quickly and efficiently, which became one of my greatest strengths. This problem-solving trait allows me to be a better communicator and a group worker, eventually making me a great asset to the team.

I have always favored working in groups and find that my collaborative nature is one of my other strongest attributes. I work well to inspire diverse team members and work with them to achieve goals on all projects I direct. As a matter of fact, I've increased productivity by 12% over the course of three years. Whenever I complete a project, I can't help but feel that I could have done better even if the project received a positive response. Hence, I tend to be overly critical of myself. This often leads me to overwork and burn out. Over my time in the previous workplace, I've tried to take time to look at my achievements objectively. This has not only enriched my confidence, but also helped me to appreciate my team and their support.

저는 어떤 상황이든 다양한 시각으로 관찰할 수 있어서 어려운 상황에서도 주어진 일을 독특하게 해낼 수 있는 데 적임자입니다. 저의 이런 특성이 문제를 빠르고 효율적으로 해결하는 데 도움이 된다고 생각하는데, 이것이 저의 가장 큰 장점 중 하나가 되었습니다. 이러한 문제 해결 특성은 제가 더 나은 소통자와 팀원이 될 수 있게 해주며, 결국 팀에 큰 자산이 될 수 있게 해 줍니다. 저는 항상 단체로 일하는 것을 좋아했고, 협동심이 저의 또 다른 강한 특성 중 하나라고 생각합니다. 저는 제가 감독 지시하는 모든 프로젝트에서 다양한 팀원들에게 영감을 주고 함께 일하며 목표를 달성합니다. 실제로 3년 동안 생산성을 12% 향상시켰습니다.

저는 프로젝트를 완성할 때마다 좋은 반응을 얻었더라도 '더 잘 할 수 있었는데'라는 생각을 할 수밖에 없었습니다. 그래서 저는 제 자신에 대해 지나치게 비판적인 경향이 있습니다. 이런 점 때문에 저는 종종 과로하고 기운이 소진하곤 합니다. 이전 직장에서 근무하면서, 저는 제 성과를 개관적으로 바라볼 수 있는 시간을 가지려고 했습니다. 이 습관은 제 자신감의 질을 높였을 뿐만 아니라, 제 팀과 그들의 지지에 감사하는 데 도움이 되었습니다.

I can observe any situation / from multiple perspectives, / which makes me uniquely qualified / to complete given tasks / even under challenging situations. // I believe / that this trait / helps to solve problems quickly / and efficiently, / which became / one of my greatest strengths. // This problem-solving trait / allows me / to be a better communicator / and a group worker, / eventually making me a great asset / to the team. //

I have always favored working / in groups / and find that / my collaborative nature / is one of my other strongest attributes. // I work well / to inspire diverse team members / and work with them / to achieve goals / on all projects / I directed. // As a matter of fact, / I've increased productivity / by 12% / over the course / of three years. // Whenever I complete a project, / I can't help / but feel / that I could have done better / even if the project received / a positive response. // Hence, / I tend to be overly critical / of myself. // This often leads me / to overwork / and burn out. // Over my time / in the previous workplace, / I've tried to take time / to look at my achievements / objectively. // This has not only enriched my confidence / but also helped me / to appreciate my team / and their support. //

발음 포인트

1 두 단어가 이어지며 중간에 끼어 있는 자음 소리가 탈락되는 경우

> greate**st** strengths, an**d** find, an**d** work,
>
> proje**ct** received, te**nd** to, an**d** burn, enri**ched** my

2 두 개의 연이어 나오는 소리 중 뒤의 소리만 발음하는 경우

> sol**ve** problems, o**f** my, wi**th** them, o**f** fact, o**f** myself,
>
> trie**d** to

3 문장 중간에 있는 완료시제 조동사의 첫 글자 'h' 발음을 생략하고 이어서 말하는 경우

> I **h**ave always favored, coul**d** **h**ave done

4 마지막이 t, d, n, l로 끝나고 그 다음에 th-로 시작되는 단어가 나올 때 자연스럽게 이어 말하는 경우

> tha**t th**is, fin**d th**at, an**d th**eir

CHAPTER IV

How to sleep better

It is a blessing to have a good night's sleep in a world of sleep deprivation. A lot of people have unintentionally scrambled their natural rhythms with artificial lighting, such as smartphones, TVs, computers and more. To get one's sleep rhythms back in sync, one must train their brains to sleep. There are three ways to train the brain to fall asleep.

First, make a schedule and stick to it. Sleep time needs to be regular to build a reliable rhythm. Brains can be trained to wake up at a certain time. Waking up at the same time every day, and adding movement and light as one wakes up, will provide more energy and mood for the day.

Secondly, don't just lay in bed. Spending time awake in bed is a bad way to train the brain that can lead to insomnia.

Last but not least, change one's attitude about sleep. One should not see sleep as the last part of the day. We must view sleeping as an important schedule of the day, which is vital for a productive and active tomorrow.

수면 부족의 세상에서 숙면을 취한다는 것은 축복입니다. 많은 사람들이
의도치 않게 스마트폰, TV, 컴퓨터 등과 같은 인공 조명으로 자신들의
자연적인 리듬을 뒤섞어 놓았습니다. 자연적인 수면 리듬을 되찾으려면,
잠을 잘 수 있도록 두뇌를 훈련시켜야 합니다. 뇌가 잠들도록 훈련하는 데는
3가지 방법이 있습니다.

첫 번째로, 일정을 짜서 지켜야 합니다. 안정적인 리듬을 만들기 위해서는
수면 시간이 일정해야 합니다. 뇌는 특정한 시간에 일어나도록 훈련될 수
있습니다. 매일 같은 시간에 일어나고, 일어날 때 움직임과 빛을 더해 주는
것이 그날의 에너지를 주고 기분을 조성해 줄 것입니다.

두 번째로, 침대에 누워만 있으면 안 됩니다. 침대에서 깨어 있는 채로 시간을
보내는 것은 불면증을 초래하는 나쁜 두뇌 훈련 방법입니다.

마지막으로 잠에 대한 태도를 바꾸는 것입니다. 그저 잠을 하루의 마지막
부분으로 보지 말아야 합니다. 숙면이 생산적이고 활동적인 내일을 위해
필수적인 하루의 중요한 일정이라고 봐야 합니다.

발음 분석

MP3-144

It is a blessing / to **have a** good night's sleep / **in a world of** sleep

deprivation. // A **lot of** people / have unintentionally **scrambled their**

natural rhythms / with artificial lighting, / **such as** / smartphones, /

TVs, / computers / and more. // To **get one's** sleep rhythms back / in

sync, / **one must train their** brains / to sleep. // **There are** three ways

/ to **train the** brain / to fall asleep. //

First, / **make a** schedule / and **stick to it**. // Sleep time **needs to be**

regular / to **build a** reliable rhythm. // **Brains can be** trained /

to **wake up** / **at a** certain time. // **Waking up** / **at the** same time /

every day, / and adding movement / and light / as one **wakes up**, /

will provide more energy / and mood / **for the** day. //

Secondly, / don't just lay / in bed. // Spending time awake / in bed / **is a**

bad way / to **train the** brain / **that can lead to** insomnia. //

Last but not least, / **change one's** attitude / about sleep. //

One should not see sleep / **as the** last part / **of the** day. // **We must**

view sleeping / **as an** important schedule / **of the** day, / **which is** vital

/ **for a** productive / and active tomorrow.

발음 포인트

MP3-145

1 두 단어가 이어지며 중간에 끼어 있는 자음 소리가 탈락되는 경우

> scrambl~ed~ **th**eir, mus~t~ **t**rain, an~d~ **s**tick, don'~t~ **j**us~t~ **l**ay,
>
> la~st~ **b**ut, la~st~ **p**art, mus~t~ **v**iew

2 두 개의 연이어 나오는 소리 중 뒤의 소리만 발음하는 경우

> night'~s~ **s**leep, o~f~ **p**eople

3 마지막이 t, d, n, l로 끝나고 그 다음에 th-로 시작되는 단어가 나올 때 자연스럽게 이어 말하는 경우

> ge<u>t th</u>e, trai<u>n th</u>eir, trai<u>n th</u>e, a<u>t th</u>e

CHAPTER IV

ZBots

Good evening, ladies and gentleman. On behalf of ABC Company, it gives me great pleasure to welcome all employees to our special evening. I would like to give an even more special welcome to Mr. Lee from Q-Asia and Mrs. Jackson from our New York branch. I am here today to present to you, our upcoming launch for ZBots which is going to be revolutionary.

Many of you are already aware that it has been tough working hard over the last quarter to be able to get where we are today. Now, we are finally ready to move forward with this unique and exciting project.

The future is upon us, everyone. As our needs and technology are assimilated into globalization, this made demands for us to make collaborated space for technology, education, and health issues globally. Hence, the creation of ZBots. From now on, our revolutionary project will stimulate research and development in key areas such as nanotechnology, biotechnology, and surgical interventions.

ABC Company was built on vast knowledge and cooperation. Along with Q-Asia, I am confident that the ZBots project will have positive output. Thank you all for attending this event.

여러분 안녕하십니까. ABC사를 대표하여 전직원을 저희의 특별한 저녁에 모시게 되어 대단히 기쁩니다. Q-Asia의 Mr. Lee와 저희 뉴욕 지사의 Mrs. Jackson에게 더욱 특별한 환영을 보냅니다. 저는 오늘 혁신적인 ZBots의 출시 예정을 발표하기 위해 이 자리에 섰습니다.

많은 분들이 이미 지난 분기 동안 열심히 일구어 우리가 오늘 이 자리에 오르기까지 힘들었다는 것을 알고 계실 겁니다. 이제 우리는 마침내 이 독특하고 흥미로운 프로젝트와 함께 나아갈 준비가 되었습니다.

미래는 우리에게 달려 있습니다, 여러분. 우리의 니즈와 기술이 세계화로 동화되면서 우리는 세계적으로 기술, 교육, 건강 문제를 위한 협력 공간을 만들어야 한다는 니즈를 느꼈습니다. 그리하여 ZBots가 탄생하게 되었습니다. 앞으로 우리의 혁명적인 프로젝트는 나노기술, 생명공학, 외과적 개입과 같은 핵심 분야의 연구 개발을 촉진할 것입니다.

ABC사는 방대한 지식과 협력을 바탕으로 설립되었습니다. Q-Asia와 함께 ZBots 프로젝트는 긍정적인 성과를 얻을 것이라고 확신합니다. 이 행사에 참석해 주신 모든 분들께 감사드립니다.

MP3-146

Good evening, / **ladies and** gentleman. // On **behalf of** ABC

Company, / it **gives me** great pleasure / to welcome all employees /

to our special evening. // **I would like to** give / an even more special

welcome / to Mr. Lee / from Q-Asia / and Mrs. Jackson / **from our** New

York branch. // **I am** here today / to **present to you**, / our upcoming

launch / for ZBots / **which is going to be** revolutionary. //

Many of you are already aware / **that it has been** tough working

hard / **over the** last quarter / **to be able to** get **where we are** today.

// Now, / **we are** finally ready / to move forward / **with this** unique /

and exciting project. //

The **future is upon us**, / everyone. // **As our** needs / and **technology are**

assimilated / into globalization, / this made **demands for us** / to make

collaborated space / for technology, / education, / and health issues

globally. // Hence, / the **creation of** ZBots. // From **now on**, / our

revolutionary project / will stimulate research / and development / in

key areas / **such as** nanotechnology, / biotechnology, / and surgical

interventions. //

ABC **Company was** built / on vast knowledge / and cooperation. //

Along with Q-Asia, / **I am** confident / that the ZBots project / will

have positive output. // **Thank you** all / for **attending this** event. //

발음 포인트

1 두 단어가 이어지며 중간에 끼어 있는 자음 소리가 탈락되는 경우

> La**st** **q**uarter, an~~d~~ **h**ealth, an~~d~~ **d**evelopment,
>
> an~~d~~ **s**urgical, va**st** **k**nowledge, an~~d~~ **c**ooperation

2 두 개의 연이어 나오는 소리 중 뒤의 소리만 발음하는 경우

> wi~~th~~ **th**is, ma~~de~~ **d**emands, ma~~ke~~ **c**ollaborated space,
>
> will ha~~ve~~ **p**ositive output

3 마지막이 t, d, n, l로 끝나고 그 다음에 th-로 시작되는 단어가 나올 때 자연스럽게 이어 말하는 경우

> o**n th**e, tha**t th**e

Faux Meat

As people are more aware of the importance of health and try to eat healthier, their eating habits change. There are a lot of vegans, vegetarians, and alternative food sources pouring out on the market. And plant-based meat, or fake meat as some might call it, is getting wildly popular among alternative food sources. These faux meats are the products of food chemistry at its finest, even mimicking the aroma, flavor, and the bleeding color of meat, which is all plant derived. Though these plant-based meats are a healthy option for the environment, are they any better for humans in the nutrition category than regular meat?

Faux meat and beef, truthfully, do not have much of a difference, apart from the fact that faux meat is cholesterol free. They have similar calories and saturated fat, as well as similar protein content. The main difference is the sodium content, plant-based faux meat having a much higher sodium level than real beef. If one likes to eat faux meat for calories, protein, sodium, or fat content, and not for the environment, nutritionists suggest that one should reconsider eating faux meat.

사람들이 건강의 중요성을 의식하고 더 건강한 음식을 먹으려고 하면서, 그들의 식습관도 바뀌고 있습니다. 현 시장에는 비건(엄격한 채식주의자), 채식주의자들이 많고, 대체 식품이 쏟아져 나오고 있습니다. 그리고 식물성 고기 또는 인조 고기라고 부르는 고기는, 대체 식품들 중에서 큰 인기를 얻고 있습니다. 이 인조 고기는 식품 화학계 최고의 결과물이며, 심지어 모두 식물 유래 성분으로 고기의 향과 맛, 피의 색을 모방하기도 합니다. 이 식물성 인조 고기들이 환경을 위한 좋은 선택이기는 하지만, 그것들이 과연 일반 고기보다 영양적인 면에서 인간에게 더 나을까요?

사실, 인조 고기에 콜레스테롤이 없다는 사실을 제외하고는 인조 고기와 소고기는 큰 차이가 없습니다. 그들은 단백질 함량이 비슷할 뿐만 아니라 칼로리와 포화 지방도 비슷합니다. 주된 차이점은 나트륨 함량인데, 식물성 인조 고기가 진짜 소고기보다 나트륨 수치가 훨씬 더 높다는 것입니다. 환경을 위해서가 아니라 칼로리, 단백질, 나트륨 또는 지방 함량 때문에 인조 고기를 먹는 게 좋다면, 영양학지들은 인조 고기를 먹는 것을 재고해야 한다고 말합니다.

As **people are** more aware / of the importance / of health / and **try to**
eat healthier, / their eating habits change. // **There are a lot of** vegans, /
vegetarians, / and alternative food sources / **pouring out** / **on the**
market. // And plant-based meat, / or fake meat / **as some might**
call it, / is getting wildly popular / among alternative food sources. //
These faux meats / **are the** products / of food chemistry / **at its** finest,
/ even **mimicking the** aroma, / flavor, / **and the** bleeding color of
meat, / **which is** all plant derived. // Though these plant-based meats
/ are a healthy option / **for the** environment, / **are they** any better /
for humans / **in the** nutrition category / than regular meat? //
Faux meat / and beef, / truthfully, / do not have **much of a** difference,
/ **apart from the** fact / that faux meat / is cholesterol free. //
They have similar calories / and saturated fat, / as **well as** similar
protein content. // The main difference / **is the** sodium content, /
plant-based faux meat / **having a** much higher sodium level / than
real beef. // If one **likes to** eat faux meat / for calories, / protein, /
sodium, / or fat content, / and **not for the** environment, / nutritionists
suggest / that **one should** reconsider / eating faux meat. //

발음 포인트

1 발음 주의

> faux[foʊ]

2 두 단어가 이어지며 중간에 끼어 있는 자음 소리가 탈락되는 경우

> an**d t**ry, an**d pl**an**t-b**as**e**d **m**eat, plan**t d**erived,
>
> an**d b**eef, apar**t f**rom, plant-ba**sed f**aux, an**d n**ot

3 두 개의 연이어 나오는 소리 중 뒤의 소리만 발음하는 경우

> o**f v**egans, alternati**ve f**ood, o**f f**ood, o**f m**eat,
>
> a**s s**imilar

4 마지막이 **t, d, n, l**로 끝나고 그 다음에 **th**-로 시작되는 단어가 나올 때 자연스럽게 이어 말하는 경우

> o**n th**e, an**d th**e, i**n th**e

CHAPTER IV

News Script

This is Jamie Harbers from Channel 6 ABC News. Reporting the top story of the day:

I am at the scene of an astonishing rescue that occurred earlier today involving an earthquake, a factory, and a brave feline named Felix. A 4.8 magnitude earthquake hit the border of our town before daybreak today. Magnitude 4.8 is known to rarely cause recognizable damage to buildings, however, this factory in particular was built in the early 80s, which means it was old and walls were fragile. It is the two-story factory building right behind me, unfortunately, we are not able to get any closer due to a possible aftershock. Witnesses say that they noticed cracking walls and collapsing this morning.

It was believed that all night-shift workers had been evacuated to safety, all thanks to Felix the factory cat. One of the workers described that Felix tried to wake up the workers by gnawing on their feet, and making noise on their faces. Since Felix never acted out as such, all of the workers instinctively went outside only to experience the earthquake and witness the collapse of the factory walls moments later. Fortunately, everyone including Felix is reported fine. This is Channel 6 ABC News.

채널 6 ABC 뉴스의 Jamie Harbers입니다. 오늘의 주요 소식을 전합니다.
저는 오늘 아침 지진, 공장, 펠릭스라는 이름의 용감한 고양이와 관련된
발생한 구조 현장에 나와 있습니다. 오늘 동이 트기 전 마을 경계에서
규모 4.8의 지진이 발생했습니다. 규모 4.8 정도는 눈에 띄는 건물 피해는
거의 없는 것으로 알려졌는데, 하지만 이 공장은 80년대 초반에 지어진 것으로
낡고 벽이 무너지기 쉬웠습니다. 제 바로 뒤에 있는 2층짜리 공장 건물인데,
안타깝게도 여신의 우려 때문에 가까이 가지는 못하고 있습니다. 목격자들은
오늘 아침에 벽이 갈라지면서 무너지는 것을 목격했다고 말했습니다.
모든 야간 근무자들이 안전한 곳으로 대피할 수 있었던 것은 공장 고양이
펠릭스 덕분이라고 전해집니다. 근무자들 중 한 명은 펠릭스가 근무자들의
발을 물어뜯고, 얼굴에 대고 소리를 내어 그들을 깨우려고 했다고
설명했습니다. 펠릭스가 그런 행동을 한 적이 없기 때문에, 모든 노동자들은
본능적으로 밖으로 나갔는데, 잠시 후에 지진이 났으며 공장 벽이 무너지는
것을 목격했다고 합니다. 다행스럽게도, 펠릭스를 포함한 모든 사람들은
무사한 것으로 보고되었습니다. 채널 6 ABC 뉴스였습니다.

발음 분석

MP3-150

This is Jamie Harbers / from Channel 6 / ABC News. // **Reporting the** top **story of the** day: //

I am at the scene / **of an** astonishing rescue / that occurred earlier today / **involving an** earthquake, / a factory, / **and a** brave feline named Felix. // A 4.8 magnitude earthquake / **hit the border of our** town / before daybreak today. // Magnitude **4.8 is** known / to rarely cause recognizable damage / to buildings, / however, / this factory / in particular / was built / **in the** early 80s, / which means **it was** old / and **walls were** fragile. // **It is the** two-story factory building / **right behind me**, / unfortunately, / **we are** not **able to get any** closer / **due to** a possible aftershock. // Witnesses say / **that they** noticed cracking walls / and collapsing / this morning. //

It was believed / that all night-shift workers / **had been** evacuated / to safety, / all **thanks to** Felix / the factory cat. // **One of the** workers described / that Felix **tried to wake up the** workers / by **gnawing on their** feet, / and making noise / **on their** faces. // Since Felix never **acted out as** such, / **all of the** workers instinctively went outside / **only to experience the** earthquake / and **witness the** collapse / **of the** factory walls / moments later. // Fortunately, / everyone including Felix / is reported fine. // **This is** Channel 6 ABC News. //

발음 포인트

1 두 단어가 이어지며 중간에 끼어 있는 자음 소리가 탈락되는 경우

> behin**d m**e, noti**ced c**racking walls, a**nd c**ollapsing,
> belie**ved th**at, night-shi**ft w**orkers, descri**bed th**at,
> a**nd** making, a**nd** witness

2 두 개의 연이어 나오는 소리 중 뒤의 소리만 발음하는 경우

> bra**ve f**eline, witnesse**s s**ay

3 마지막이 t, d, n, l로 끝나고 그 다음에 th-로 시작되는 단어가 나올 때 자연스럽게 이어 말하는 경우

> a**t th**e, hi**t th**e border, i**n th**e early 80s,
> tha**t th**ey noticed

12
스피치:
"사랑은 증오보다 강하다."

"Love is more powerful than hate."

It is fair to say that love and hate are both powerful emotions felt by humans, although their exact definitions may be difficult to define. Most will agree that the biggest difference in love and hate is that one is perceived as positive and the other negative. However, keep in mind that it is possible to love and hate someone or something at the same time.

Love can lead to hate while hate rarely leads to love. This is probably the reason why love is more powerful than hate. Love changes a person in a positive attitude by extending affection, enriching energy, deepening emotions and brightening every smile. In other words, life is so much happier when blinded by love. It is said that love fades away, but I'd rather say love transforms itself into something else like stability or friendship. Think about it, who lives to hate? Love makes our existence meaningful, but what about hate? Hate can destroy, ruin, and result in loneliness, whereas love creates, opens, and leads to kindness. In a real darkness of hate, the light of love can become a lifeboat. That is why love is more powerful than hate.

사랑과 증오는 정확한 정의를 내리기는 어렵겠지만, 인간이 느끼는 강력한 두 감정이라고 해도 과언이 아닙니다. 대부분의 사람들은 사랑과 증오의 가장 큰 차이점이 하나는 긍정적이고 다른 하나는 부정적인 것으로 인식한다는 것에 동의할 것입니다. 하지만 누군가나 무언가를 동시에 사랑하고 증오하는 것이 가능하다는 것을 알아두세요.

사랑은 증오로 이어질 수 있지만, 증오는 거의 사랑으로 이어지지 않습니다. 이것이 아마도 사랑이 증오보다 더 강한 이유일 것입니다. 사랑은 애정을 확장하고 에너지를 풍부하게 하며 감정을 깊게 하고 모든 미소를 밝게 만듦으로써 한 사람을 긍정적인 태도를 갖게 변화시킵니다. 한마디로 사랑에 눈이 멀었을 때 삶이 훨씬 행복해진다는 것입니다. 사랑이 사그라진다고 하지만, 저는 차라리 사랑이 안정감이나 우정 같은 다른 좋은 감정으로 변한다고 말하고 싶습니다.

생각해 보세요, 누가 증오하려고 사나요? 사랑은 우리의 존재를 의미 있게 만들지만, 증오는 어떤가요? 증오는 파괴하고 망치고 외로움을 초래할 수 있는 반면, 사랑은 창조를 하고 열려 있으며 친절로 이어집니다. 진정한 증오의 어둠 속에서 사랑의 빛은 구명보트가 될 수 있습니다. 그것이 사랑이 증오보다 더 강한 이유입니다.

It is fair to say / that love and hate / are both powerful emotions / felt by humans, / although their exact definitions / may be difficult / to define. // Most will agree / that the biggest difference / in love and hate / is that / one is perceived as positive / and the other negative. // However, / keep in mind that / it is possible / to love / and hate someone / or something / at the same time. // Love can lead to hate / while hate rarely leads to love. // This is probably the reason / why love is more powerful / than hate. // Love changes a person / in a positive attitude / by extending affection, / enriching energy, / deepening emotions / and brightening every smile. // In other words, / life is so much happier / when blinded / by love. // It is said / that love fades away, / but I'd rather say / love transforms itself / into something else / like stability / or friendship. // Think about it, / who lives to hate? // Love makes our existence meaningful, / but what about hate? // Hate can destroy, / ruin, / and result in loneliness, / whereas love creates, / opens, / and leads to kindness. // In a real darkness of hate, / the light of love / can become a lifeboat. // That is why love is more powerful / than hate. //

발음 포인트

1   두 단어가 이어지며 중간에 끼어 있는 자음 소리가 탈락되는 경우

> felt by, exact definitions, most will,
>
> biggest differences, and hate, and the other,
>
> mind that, and hate, and brightening, and result

2   두 개의 연이어 나오는 소리 중 뒤의 소리만 발음하는 경우

> difficult to, lead to, life is so much

3   마지막이 t, d, n, l로 끝나고 그 다음에 th-로 시작되는 단어가 나올 때 자연스럽게
이어 말하는 경우

> that the, and the other, at the same time

부록

1

한국인이 가장
못 알아듣고 발음하지 못하는
단어 훈련

1) 발음 : 가장 많이 실수하는 단어들

MP3-154

단어	한국식 발음 (x)		영어 발음 (o)	뜻
aisle	아이슬	→	[aɪl]	통로
alcohol	알코올	→	[ǽlkəhɔːl]	술
aloe	알로에	→	[ǽlou]	
Amsterdam	암스테르담	→	[ǽmstərdæ̀m]	
angel	앤젤	→	[éɪndʒl]	천사
Athens	아테네	→	[ǽθɪnz]	
beta	베타	→	美 [béɪtə] 英 [bíːtə]	
bury	뷰뤼	→	[béri]	매장하다
caffeine	카페인	→	[kæfíːn]	
chaos	카오스	→	[kéɪɑːs]	혼돈, 혼란
Chile	칠레	→	[tʃíli]	
cocoa	코코아	→	[kóukou]	
corps	콥스	→	[kɔːr]	군단, 부대
debris	데브리스	→	[dəbríː]	잔해

단어	한국식 발음 (x)		영어 발음 (o)	뜻
debt	뎁트	→	[det]	빚, 부채
doubt	다웁트	→	[daʊt]	의심
encore	앵콜, 앙코르	→	[áːŋkɔːr]	
ensemble	앙상블, 인젬블	→	[ɑːnsáːmbl]	합주단
entrée	엔트리	→	[áːntreɪ]	입장(권), 앙트레
fasten	패스튼	→	[fǽsn]	매다, 채우다
faux	파욱스	→	[foʊ]	모조의, 가짜의
genre	장르	→	[ʒáːnrə]	
heir	헤어	→	[er]	상속인, 후계자
humor	유머	→	[hjúːmər]	
Israel	이스라엘	→	[ízriəl, ízreiəl]	
Japan	재팬	→	[dʒəpǽn]	일본
karaoke	가라오케	→	[kærióʊki]	노래방
karate	가라데	→	[kəráːti]	
label	라벨	→	[léɪbl]	상표, 꼬리표

단어	한국식 발음 (x)		영어 발음 (o)	뜻
latex	라텍스	→	[léɪteks]	
margarine	마가린	→	[mɑ́ːrdʒərən]	
mayonnaise	마요네즈	→	[meɪənéɪz]	
Moscow	모스크바	→	[mɑ́skou]	
nuance	뉘앙스	→	[núːɑːns]	
oasis	오아시스	→	[ouéɪsɪs]	
oboe	오보에	→	[óubou]	
ounce	온스	→	[auns]	
Paris	파리	→	[pǽrɪs]	
profile	프로필	→	[próufaɪl]	
psalm	프살름	→	[sɑːm]	찬송가
radio	라디오	→	[réɪdiou]	
receipt	뤼싶트	→	[rɪsíːt]	영수증
Rome	로마	→	[róum]	
salmon	살몬	→	[sǽmən]	연어

단어	한국식 발음 (x)		영어 발음 (o)	뜻
serenade	세레나데	⟶	[serənéɪd]	
sew	쒸우	⟶	[souʊ]	바느질하다, 깁다
soften	소프튼	⟶	[sɔ́:fn]	부드럽게 하다
subtle	섭틀	⟶	[sʌ́tl]	미묘한
theme	테마	⟶	[θiːm]	주제
Ukraine	우크라이나	⟶	[juːkréin, juːkráin]	
uranium	우라늄	⟶	[juréɪniəm]	
Vietnam	베트남	⟶	[viètnáːm]	
vinyl	비닐	⟶	[váɪnl]	
vitamin	비타민	⟶	[váɪtəmɪn]	
Warsaw	바르샤바	⟶	[wɔ́ːrsɔː]	
Zurich	취리히	⟶	[zúərɪk]	

2) 강세 : 가장 많이 실수하는 단어들

▶ 거의 앞에 강세를 두거나 강세 없이 잘못 발음하는 단어

MP3-155

단어	한국식 발음 (x)		영어 발음 (o)	뜻
ballet	발레	⟶	[bæléɪ]	
bidet	비데	⟶	[bɪdéɪ]	
bouquet	부케	⟶	[bukéɪ]	꽃다발
brochure	브로셔	⟶	[brouʃúr]	안내책자
buffet	뷔페	⟶	[bəféɪ]	
café	카페	⟶	[kæféɪ]	
career	커리어	⟶	[kərír]	직장 생활, 직업
Chinese	차이니스	⟶	[tʃaɪníːz]	중국의, 중국인
debut	데뷔	⟶	[deɪbjúː]	
engineer	엔지니어	⟶	[endʒɪnír]	기술자, 공학자
garage	가라지	⟶	[gərάːʒ]	차고
machine	머쉰	⟶	[məʃíːn]	기계
magazine	매거진	⟶	[mǽgəziːn]	잡지
massage	마사지	⟶	[məsάːʒ]	

단어	한국식 발음 (x)		영어 발음 (o)	뜻
mosaic	모자이크	⟶	[moʊzéɪɪk]	
Pilates	필라테스	⟶	[pɪlá:ti:z]	
police	폴리스	⟶	[pəlí:s]	경찰
technique	테크닉	⟶	[tekní:k]	기교, 기술
unique	유니크	⟶	[juní:k]	독특한
vaccine	백신	⟶	[væksí:n]	

- 북미식 영어에서는 강세가 뒤쪽에 있지만 영국식 영어에서는 강세가 앞에 있는 경우도 있습니다. 예) magazine

발음과 강세에 신경 써서 원어민 음성을 들으면서 따라 해 보세요.

1 The **police** department started distributing **faux latex** gloves for policemen who are allergic to **latex**.

경찰서는 라텍스 알러지가 있는 경찰관들을 위해 모조 라텍스 장갑을 배포하기 시작했다.

2 A **subtle** change in **nuance** can change **humor** into seriousness.

미묘한 뉘앙스 변화로 유머를 진지함으로 바꿀 수 있다.

3 I make my own body cream by mixing **cocoa** butter, **aloe**, and half an **ounce** of **vitamin** oil.

나는 코코아 버터, 알로에, 비타민 오일 반 온스를 섞어 나만의 바디 크림을 만든다.

4 Her **career** as a **ballet** dancer ended with a car accident, and she later became a famous **Pilates** instructor.

그녀의 발레 무용수로서의 경력은 자동차 사고로 끝났고, 그녀는 후에 유명한 필라테스 강사가 되었다.

5 Please **fasten** your seat belt and make sure your arms and legs are not in the **aisle**.

안전벨트를 매 주시고 팔과 다리가 통로로 나가 있지 않도록 해 주시기 바랍니다.

6 The **Chinese oboe** player had a **unique technique** of playing high notes.

그 중국인 오보에 연주자는 고음을 연주하는 독특한 기교가 있었다.

7 I used to go to **karaoke** after classes when I lived in **Japan**.

나는 일본에 살 때 수업이 끝나면 노래방에 가곤 했다.

8 Today's **entrée** is **salmon** fillet with creamy **mayonnaise** sauce.

오늘의 주요리는 크리미한 마요네즈 소스를 결들인 연어 필레이디.

9 Ben is an **engineer** from **Ukraine** who designed a **massage machine** which was advertised through **magazines**.

Ben은 잡지에 광고되는 마사지 기계를 디자인한 우크라이나 출신의 엔지니어이다.

10 I had my **doubts** about using **margarine** instead of **softened** butter, but everything turned out perfect.

나는 부드러워진 버터 대신 마가린을 사용하는 것이 의심스러웠는데, 모든 것이 완벽했다.

11 Doctors use **alcohol** swabs before administering **vaccine**.

의사들은 백신을 투여하기 전에 알코올 솜을 사용한다.

12 A lot of ancient tombs with beautiful **mosaic** walls can be found in **Athens**.

아름다운 모자이크 벽이 있는 많은 고대 무덤들이 아테네에서 발견될 수 있다.

13 The **profile** of the actress from **Amsterdam** has not been updated since her **debut**.

암스테르담 출신 여배우의 프로필은 데뷔 이후 업데이트 되지 않았다.

14 You can hardly find a public toilet with a **bidet** in **Vietnam**.

베트남에서는 비데가 있는 공중화장실을 거의 찾을 수가 없다.

15 That **café** holds a **buffet** during lunch time.

저 카페는 점심시간에 뷔페를 한다.

16 You can look through our **brochure** and choose the **bouquet** style you want.

저희 브로셔를 보고 원하시는 부케 스타일을 선택하시면 됩니다.

17 **Rome** still has a lot of temples with **debris** from the wars.

로마에는 아직도 전쟁의 잔해가 있는 사원들이 많이 있다.

18 My church **ensemble** was called to do an **encore** singing the **psalm** thanks to our director from **Zurich**.

취리히에서 오신 감독님 덕분에 우리 교회 앙상블이 앙코르로 찬송가를 불렀다.

19 Her voice sounded like an **oasis** in a desert and she looked like an **angel serenading** someone.

그녀의 목소리는 사막의 오아시스처럼 들렸고 그녀는 마치 누군가에게 세레나데를 부르는 천사처럼 보였다.

20 My brother had a **karate themed** birthday party in the **garage** when he was a child in **Chile**.

내 남동생은 칠레에서 어렸을 때 차고에서 가라테를 테마로 한 생일 파티를 했다.

21 I would like to do a **beta** test of the **radio** program before everything turns into **chaos**.

모든 것이 혼돈으로 변하기 전에 라디오 프로그램의 베타 테스트를 하고 싶다.

22 Jerry is an **heir** to one of the wealthiest families in **Paris**.

Jerry는 파리에서 가장 부유한 집안의 상속자이다.

23 We have to keep all the **receipts** and household accounts if we don't want to get **buried** in **debt**.

빚에 파묻혀 살고 싶지 않으려면 모든 영수증을 보관하고 가계부를 써야 한다.

24 I **sewed** the **label** back on the shirt I bought in **Moscow**.

모스크바에서 산 셔츠에 라벨을 다시 꿰맸다.

25 There are special **corps** guarding **uranium** from the public.

대중으로부터 우라늄을 지키는 특수 부대가 있다.

26 That movie **genre** is not accepted in **Israel** or **Warsaw**.

그 영화 장르는 이스라엘이나 (폴란드의) 바르샤바에서는 허용되지 않는다.

2

명사와 동사의
강세가 다른 단어 훈련

1) 강세 위치에 따라서 단어의 의미가 '완전히' 달라지는 경우

MP3-157

명사	동사	명사	동사	명사	동사	기타	기타
address 주소	**address** 연설하다	**desert** 사막	**desert** 버리다, 포기하다	**present** 현재, 선물	**present** 보여주다	**invalid** 아픈	**invalid** 무효의
console 제어판	**console** 위로하다	**digest** 요약	**digest** 소화하다	**refuse** 쓰레기	**refuse** 거절하다	**August** 8월	**august** 위엄 있는
contract 계약	**contract** 압축하다	**produce** 농산물	**produce** 생산하다	**subject** 주제	**subject** 종속하다		
converse 정반대	**converse** 대화하다	**object** 물체	**object** 반대하다	**defect** 결함	**defect** (국가를) 버리고 떠나다		

cf. **personal office** (개인 사무실) **vs. personnel office** (인사과)
trusty (믿을 수 있는) **vs. trustee** (수탁인)

2) 명사/동사의 의미가 크게 달라지지 않는 경우

MP3-158

명사	동사	명사	동사	명사	동사	명사	동사
addict	addict	increase	increase	progress	progress	relay	relay
중독자	중독되다	증가	증가하다	진행, 진척	전진하다	릴레이 경주	전달하다
conduct	conduct	decrease	decrease	protest	protest	survey	survey
행동	행동하다	감소	감소하다	항의	항의하다	조사	조사하다
conflict	conflict	insult	insult	project	project	suspect	suspect
충돌	충돌하다	모욕	모욕하다	계획, 프로젝트	계획하다	용의자	의심하다
contrast	contrast	permit	permit	rebel	rebel	perfect	perfect
대조	대조하다	허가증	허가하다	저항 세력	저항하다	(형) 완벽한	완벽하게 하다
convict	convict	refund	refund	record	record		
기결수, 죄수	유죄 선고하다	환불	환불하다	기록	기록하다		
		preview	preview	reject	reject		
		시사회, 예고편	시사평을 쓰다	불량품, 거부당한 사람	거부하다		

발음과 강세에 신경 써서 원어민의 음성을 들으면서 따라 해 보세요.

1   The prison officer sus**pects** that the **sus**pect is hiding in the deserted house.

교도관은 용의자가 폐가에 숨어 있을 것으로 의심하고 있다.

2   The **des**ert is so dry that it is usually des**ert**ed.

사막은 너무 건조해서 보통 사람이 살지 않는다.

3   He re**cord**ed the **sur**vey data on his tape recorder and the **re**cords were sur**vey**ed again by others.

그는 자신의 녹음기에 조사 데이터를 기록했고, 그 기록들은 다른 사람들에 의해 다시 조사되었다.

4   The sender pre**sent**ed his own home address to the mail man when he sent a **pre**sent, but his **pre**sent has not been delivered yet.

발송인은 선물을 보낼 때 집배원에게 그의 본인 집 주소를 제시했지만, 그의 선물은 아직 도착하지 않았다.

5   As the maintenance **con**tract pro**gress**ed, the **pro**gress of the **pro**ject became slower because the engineer pro**ject**ed a con**tract**ed tube into the new tire of the car.

정비 계약이 진행되는 도중, 엔지니어가 수축된 튜브를 자동차 새 타이어에 넣는 것을 계획했기 때문에 프로젝트 진행이 더디게 되었다.

6 The dairy **pro**duce sales rate in**crease**d in our company. Such an **in**crease was due to other competitors that stopped pro**duc**ing the same kinds of products.

우리 회사에서 유제품 판매율이 증가했다. 이러한 증가는 같은 종류의 제품 생산을 중단한 다른 경쟁업체들 때문이다.

7 You are not per**mitt**ed to enter this facility without a **per**mit.

허가증 없이는 이 시설에 들어갈 수 없습니다.

8 That **ad**dict was ad**dict**ed to alcohol in the past.

그 중독자는 과거에 알코올 중독이었다.

9 The mailman add**ress**ed to me that our **add**ress was different on the mail.

집배원은 우리 주소가 우편물의 주소와 다르다고 내게 말했다.

10 Did I tell you that Peter in**sult**ed me? That **in**sult keeps me up at night.

내가 너한테 Peter가 나를 모욕했다고 말했나? 그 모욕 때문에 밤잠을 설쳐.

11 There is an important upcoming au**gust** national event in **Au**gust, so everything needs to be per**fect**ed beforehand so that it can be a **per**fect event.

8월에 중요하고 위엄 있는 국가 행사가 곧 있기 때문에 모든 것이 사전에 완벽하게 준비되어야 완벽한 행사가 될 수 있다.

12 We ob**ject**ed to the rumor that there was a mysterious **ob**ject in the sky.

우리는 하늘에 신비한 물체가 있다는 소문에 반대했다.

13 Those **re**bels always re**bell**ed against the government.

그 반란군들은 항상 정부에 반기를 들었다.

14 In a **re**lay match, it is imperative to re**lay** the baton to the next runner.

계주 경기에서는 다음 주자에게 배턴을 전달하는 것이 굉장히 중요하다.

15 The labor union pro**test**ed against the corporation, but they re**ject**ed the offer by making the union sound like **re**jects making unreasonable **pro**test.

노조는 회사에 항의했지만, 회사 측은 노조를 불합리한 항의를 하는 불량품들처럼 들리게 함으로써 그 항의를 받아들이지 않았다.

16 The VIP **pre**view was planned so poorly that a critic pre**view**ed a harsh comment in his article.

VIP 시사회가 너무 엉성하게 계획되어서 한 비평가가 자신의 글에서 혹평을 썼다.

17 It is exhausting to watch a debate with a biased **sub**ject, since the debaters sub**ject** themselves to harsh criticism.

토론자 본인들이 혹독한 비판을 받기 때문에 편향된 주제의 토론을 보는 것은 피곤한 일이다.

18 The judge con**vict**ed an ex-**con**vict to jail time for robbery.

판사는 전과자에게 강도죄로 징역형을 선고했다.

19 The **de**crease in this year's annual sales rate is probably due to the **con**flict among board members with con**flict**ed ideas, which de**creas**ed the loyalty of the consumers.

올해 연간 판매율이 감소한 것은 상반된 생각을 가진 이사진들 간의 갈등에 기인한다고 할 수 있다. 이것 때문에 소비자들의 충성도가 떨어졌다.

20 My teenage daughter constantly throws a fit whenever I ask her to take the **re**fuse out, so I kindly re**fused** her proposal to raise her allowance.

제 10대 딸은 제가 쓰레기를 치우라고 할 때마다 계속 성질을 부려요. 그래서 저는 용돈을 올려 달라는 그 애의 제안을 친절하게 거절했어요. (throw a fit: 성질을 내다, 발작을 일으키다)

21 Since my **tru**sty friend is a respected lawyer, I made him my son's godfather and a trus**tee**.

믿을 수 있는 내 친구가 존경받는 변호사라서 나는 그를 내 아들의 대부이자 신탁 관리자로 만들었다.

22 If you are not satisfied with this product, come re**fund** it anytime and we will give you a full **re**fund.

이 제품이 마음에 들지 않아 언제든지 환불하러 오신다면 전액 환불해 드리겠습니다.

23 The use of **con**trast in his paintings is so exquisite, so it is interesting to con**trast** his work with a photograph.

그의 그림에서 명암을 사용하는 방법이 매우 정교하기 때문에, 그의 작품을 사진과 대조해 보는 것은 매우 흥미롭다.

24 The **di**gest section of this newspaper is hard to di**gest** for people without finance knowledge.

이 신문의 요약 섹션은 금융 지식이 없는 사람들이 소화하기에는 어렵다.

25 The professional athlete had no choice but to de**fect** his country after he found out a huge **de**fect in pension system.

그 프로 운동선수는 연금 제도의 큰 결함을 알게 된 후 자신의 나라를 떠날 수밖에 없었다.

26 She was con**duct**ed to have an interview for her unprofessional **con**duct.

그녀는 자신의 프로답지 못한 행동으로 인해 인터뷰를 진행하게 되었다.

27 I just wanted to be approachable and to con**verse** with my professor, but I think I gave the **con**verse impression.

나는 교수님과 친해지고 대화하고 싶었을 뿐인데, 오히려 정반대 인상을 드린 것 같다.

28 Con**sole** yourself with the fact that you tried your best to fix that rusty **con**sole.

그 녹슨 콘솔을 고치려고 최선을 다했다는 사실에 스스로 위안을 삼으세요.

29 The government deports people with in**valid** documents, but they let the **in**valids stay a while for treatments.

정부는 유효하지 않은 서류를 가진 사람들을 추방하지만, 몸이 아픈 환자들은 치료를 할 수 있게 잠시 머물도록 허락한다.

Intonation

PAUSES

ACCENT

Rhythm

linking

ENGLISH

PRONUNCIATION

WORKBOOK

PRONUNCIATION